生活技能 306

開始在普羅旺斯
自助旅行

作者◎曾一純

太雅

法國共13個大區(Région)
本區全名為：普羅旺斯-阿爾卑斯-蔚藍海岸大區(Provence-Alpes-Côte d'Azur)

A. 上阿爾卑斯省(Hautes-Alpes)
1 加普(Gap)

B. 沃克呂茲省(Vaucluse)
1 亞維儂(Avignon)
2 索爾格島(L'Isle-sur-la-Sorgue)
3 碧泉村(Fontaine-de-Vaucluse)
4 拉尼耶(Lagnes)
5 胡希庸(Roussillon)
6 屈屈龍(Cucuron)
7 盧馬杭(Lourmarin)
8 畢維和(Puyvert)
9 翁蘇依(Ansouis)
10 呂貝宏自然公園(Parc naturel régional du Luberon)

C. 上普羅旺斯阿爾卑斯省
(Alpes-De-Haute-Provence)
1 瑪諾斯克(Manosque)
2 格黑霧溫泉(Gréoux-les-Bains)
3 瓦隆索勒(Valensole)
4 里耶(Riez)
5 皮慕瓦松(Puimoisson)
6 慕斯提耶-聖瑪莉(Moustiers-Sainte-Marie)
7 威東拉帕呂(La Palud-sur-Verdon)
8 卡斯特朗(Castellane)
9 阿洛斯(Allos)
10 瓦隆索勒高原(Plateau de Valensole)

D. 阿爾卑斯濱海省(Alpes Maritimes)
1 坎城(Cannes)
2 畢歐(Biot)
3 安提布(Antibes)
4 濱海的卡尼內(Cagnes-sur-Mer)
5 尼斯(Nice)
6 濱海自由城(Villefranche-sur-Mer)
7 艾日(Eze)
8 摩洛哥 蒙地卡羅(Monte Carlo, Monaco)
9 檬頓(Menton)

E. 隆河口省(Bouches-Du-Rhone)
1 亞爾(Arles)
2 雷伯(Les Baux-de-Provence)
　　光影採石場(Carrières de Lumières)
3 聖雷米(Saint Rémy de Provence)
4 艾克斯普羅旺斯(Aix-en-Provence)
5 馬賽(Marseille)
6 卡朗格峽灣(Les Calanques)
7 卡西(Cassis)

F. 瓦荷省(Var)
1 土隆(Toulon)
2 奧普斯(Aups)
3 安布斯(Ampus)
4 圖圖(Tourtour)
5 龍城(Draguignan)
6 列扎克(Les Arcs)
7 聖拉斐爾(Saint-Raphaël)
8 艾斯泰雷爾高地(Massif de l'Estérel)
9 聖十字湖(Lac de Sainte-Croix)
10 威東峽谷(Gorges du Verdon)

隆河
Le Rhône

B

沃克呂茲省
Vaucluse

亞維儂
Avignon

2 3
4

1

3
2

E

隆河口省
Bouches-du-Rhône

地中海
Mer Méditerranée

普羅旺斯位置簡圖

義大利
Italy

A
上阿爾卑斯省
Hautes-Alpes

1 加普
Gap

9

C
上普羅旺斯阿爾卑斯省
Alpes-de-Haute-Provence

10
3
5
4

5

6
7
8
10
9

1
2

6
7

8

9

D
阿爾卑斯濱海省
Alpes-Maritimes

9
8
7
6
5
4
3
2
1 坎城
Cannes

尼斯
Nice

10
2
3
4

5
6

7
8

F
瓦荷省
Var

4

5 馬賽
Marseille

6
7

土隆
Toulon

1

英國
荷蘭
比利時
德國

法國
France

瑞士

義大利

西班牙
科西嘉島

「遊普羅旺斯鐵則」

☑ 通關密語1：
您好、早安Bonjour

理由：全法國通行的招呼語，進飯店、餐館、店家，搭火車、公車，櫃檯詢問、路邊問路等等，必備的開頭詞，若不會講法語，更要說Bonjour才能事半功倍，此乃入境隨俗的禮儀，也可避免不必要的誤解。

☑ 通關密語2：
借過Pardon

理由：上下地鐵、電車、公車、火車時，當出入口被人潮擋住，只要說聲Pardon路自然就讓出來了；也可用在不小心踩(碰)到他人時，表達抱歉。

☑ 四季必備
(帽子十太陽眼鏡十傘)

理由：帽子夏天擋風遮陽，冬天可保暖；一年有300天陽光普照，太陽眼鏡可保護眼睛；7

▲ 帽子與太陽眼鏡全年必備

～8月的烈陽與冬日陣雨說來就來，兩截式雨傘真好用。

☑ 飯店空調，不是每間都有

理由：經過2006年的高溫，普羅旺斯2星以上飯店大多有空調，至於2星以下的旅館，訂房時請再確認；而位於山區的旅館或民宿，因早晚溫差大，入夜降溫，所以可能會沒空調。

☑ 冬天也會下雪

理由：雖在平地或靠海村鎮不見得年年下雪，但是有時候1～2月會有2～3天降雪的機會；冬天在普羅旺斯一樣要穿羽絨衣，尤其靠北邊的上普羅旺斯阿爾卑斯省，山區溫度更低。

▲ 冬天的普羅旺斯也會飄雪，圖為亞爾火車站前

☑ 週日公車減班

理由：你沒看錯！你要度假，公車司機也要休息，通常週一～五的時刻是一致的，週六減班1/3，週日減班1/2或是停駛，有些地區寒暑假公車也會暫停服務，這就是法國人的價值觀。

☑ 自來水的熱水不可生飲

理由：自來水的冷水皆可生飲，但熱水就不能喝，高溫加熱之下，除了水管老舊，管內重金屬含量較高，且易滋生細菌。還是建議在超市買礦泉水。

☑ 市集不是天天有

理由：每個小鎮的市集是輪流的，固定其中1或2天，如奧普斯(Aups)是週三跟週六，尼斯古董市集是每週一。

☑ **水果不宜挑挑選選**
理由：在攤位買水果需請老闆處理，若在超市門口則自取，看準了再拿，以免民情不同發生誤會。

☑ **樓層標示與台灣不同**
理由：0樓＝地面樓層＝台灣的1樓，1樓＝台灣的2樓，以此類推。

遊普羅旺斯 Q&A

▼ 冷夏的6月初薰衣草仍含苞待放

▲ 6月下旬～7月中深紫色的薰衣草田

Q1 薰衣草花季在何時？

依作者近10年的旅遊經驗來看，瓦隆索勒平原(Valensole)花期大約在6月初～7月中，6月初是薰衣草寶寶淡紫色，6月下旬～7月中是深紫色；其他少數村落如索村(Sault)花期持續到8月中，但畢竟農作物是看天過日子，不是絕對的。

Q2 週日店家不營業？

是的，大多數店家是在週日休息，但熱門景點若週日營業，週一就會休息，請以店家門口的營業時間掛牌為主。

Q3 行程排2天就夠？

以面積來說，1個法國≒15個台灣，1個普羅旺斯≒1個台灣，從亞維儂到尼斯的TGV也要3小時車程，所以基本天數建議至少5晚。

Q4 小費可以付美金？

全法國流通的現鈔是歐元(€)，美金兌換會有匯差及手續費問題，為了避免自己及店家困擾，請兌換足夠的歐元現鈔，或帶國際提款卡備用。

Q5 幾點天黑？

夏天晚上快10點才天黑，旅遊時間拉長了；冬天若遇陰雨傍晚5點不到天色漸暗，旅遊時間縮短，這些因素也要納入行程安排裡。

Q6 洗手間不方便？

的確是事實，所以要離開餐廳、咖啡館、飯店之前，養成上洗手間的好習慣，開車途中善用加油站、休息站附設的洗手間，市區就到Bar或Café shop點杯咖啡，以及碰運氣才有的投幣式公廁。

常見標示
肢體語言

(動作示範：許曼儂)

Privé

私人土地禁入

Tirez

拉門

Poussez

推門

Porte

按門(先按再進入)

Sortie

出口

Entrée

入口

Ouvert

營業中

Fermé

休息

Reception

櫃檯

Pietons

人行道

Délicieux

好吃(連續動作1)

Délicieux

好吃(連續動作2)

Dépêche toi

快一點

Arrête / Attends

停 / 等一下

C'est pas moi / Innocent

不是我的錯 / 我不知道

Faire du stop

搭便車

Ok

沒問題

Très bon!

你很棒

常見植物

夾竹桃 Laurier-Rose
5月玫瑰 Rose de Mai
菩提花 Tilleul
杜松子 Baies de Genièvre
柏樹 Cyprès
法國梧桐 Platane d'orient
白楊 Peuplier
松樹 Pin
蔓茉莉 Jasminum Officinale

常用法語 ABC

常見單字

中文	法文	中文	法文	中文	法文
早安	Bonjour	是嗎？	Ah bon?	非常謝謝	Merci beaucoup
是	Oui	可以嗎？	Ça va?	沒什麼	De rien
晚安	Bonsoir	先生	Monsieur	不客氣	Je vous en prie
不是	Non	女士	Madame	借過 / 抱歉	Pardon
請	S'il vous plaît	謝謝	Merci	不好意思 / 對不起	Excusez-moi
再見	Au revoire	很抱歉	Désolé	您想要什麼？	Vous désirez?
真好	C'est gentil	那麼	Alors	用餐愉快	Bon appétit.
當然	Bien sûr	就這樣	Voilà	期待再相會	À très bientôt

編輯室提醒

出發前，請記得利用書上提供的Data再一次確認

每一個城市都是有生命的，會隨著時間不斷成長，「改變」於是成為不可避免的常態，雖然本書的作者與編輯已經盡力，讓書中呈現最新最完整的資訊，但是，我們仍要提醒本書的讀者，必要的時候，請多利用書中的電話，再次確認相關訊息。

資訊不代表對服務品質的背書

本書作者所提供的飯店、餐廳、商店等等資訊，是作者個人經歷或採訪獲得的資訊，本書作者盡力介紹有特色與價值的旅遊資訊，但是過去有讀者因為店家或機構服務 態度不佳，而產生對作者的誤解。敝社申明，「服務」是一種「人為」，作者無法為所有服務生或任何機構的職員背書他們的品行，甚或是費用與服務內容也會隨時間調動，所以，因時因地因人，可能會與作者的體會不同，這也是旅行的特質。

新版與舊版

太雅旅遊書中銷售穩定的書籍，會不斷再版，並利用再版時做修訂工作。通常修訂時，還會新增餐廳、店家，重新製作專題，所以舊版的經典之作，可能會縮小版面，或是僅以情報簡短附錄。不論我們作何改變，一定考量讀者的利益。

票價震盪現象

越受歡迎的觀光城市，參觀門票和交通票券的價格，越容易調漲，但是調幅不大(例如倫敦)，若出現跟書中的價格有微小差距，請以平常心接受。

謝謝眾多讀者的來信

過去太雅旅遊書，透過非常多讀者的來信，得知更多的資訊，甚至幫忙修訂，非常感謝你們幫忙的熱心與愛好旅遊的熱情。歡迎讀者將你所知道的變動後訊息，善用我們提供的「線上讀者情報上傳表單」或是直接寫信來taiya@morningstar.com.tw，讓華文旅遊者在世界成為彼此的幫助。

太雅旅行作家俱樂部

So Easy 306

開始在普羅旺斯自助旅行

作　　者　曾一純

總 編 輯　張芳玲
發想企劃　taiya旅遊研究室
主責編輯　林云也
文字編輯　王姵涵
封面設計　吳美芬
美術設計　吳美芬、蔣文欣
地圖繪製　涂巧琳、吳美芬、蔣文欣

太雅出版社
TEL：(02)2882-0755　FAX：(02)2882-1500
E-mail：taiya@morningstar.com.tw
郵政信箱：台北市郵政53-1291號信箱
太雅網址：http://taiya.morningstar.com.tw
購書網址：http://www.morningstar.com.tw

總 經 銷　知己圖書股份有限公司
　　　　　106台北市辛亥路一段30號9樓
　　　　　TEL：(02)2367-2044／2367-2047　FAX：(02)2363-5741
　　　　　407台中市西屯區工業30路1號
　　　　　TEL：(04)2359-5819 FAX：(04)2359-5493
　　　　　E-mail：service@morningstar.com.tw
　　　　　網路書店 http://www.morningstar.com.tw
　　　　　郵政劃撥15060393(知己圖書股份有限公司)

法律顧問　陳思成律師

印　　刷　上好印刷股份有限公司　TEL：(04)2315-0280
裝　　訂　大和精緻製訂股份有限公司　TEL：(04)2311-0221

初　　版　西元2018年04月10日
定　　價　370元

國家圖書館出版品預行編目資料

開始在普羅旺斯自助旅行 / 曾一純作. -- 初版.
-- 臺北市：太雅, 2018.04
面；　公分. -- (So easy；306)
ISBN 978-986-336-228-9(平裝)

1.自助旅行 2.法國普羅旺斯
742.89　　　　　　　　　　　106024627

ISBN　978-986-336-228-9
Published by TAIYA Publishing Co.,Ltd.
Printed in Taiwan

作者序

普羅旺斯交響曲

　　很幸運連續22年來往於普羅旺斯，不論帶團或自助，這個充滿著魅力的人間天堂，四季更迭的色彩調和著人心，也豐盛著我的生命。

　　當地很多村落人口僅僅數百，卻長年吸引各地旅人們前來，是什麼魔力讓普羅旺斯總是教人迷？我想，生活離不開大自然、新與舊不衝突、自在和諧的步調都是核心價值。

　　雖累積了些照片，但為了讓本書更精采值得專程前來，於是深秋時節又回到這塊土地，總有藍得不像話的天空相伴，夕陽深淺不一的彤紅遍灑大地，光影瞬間幻化令人捉摸不定，夜幕拉開就是滿天星斗，葡萄園揮灑著黃橙紅的畫布，安穩的松樹根植大地隨風搖曳，微雨後山嵐四起妙如仙境，這一幕幕讓我深深感受到斯人斯土如此和諧共存，於是帶著這份感動回到台灣，傳遞給也想要這份感動的旅人……

　　其實，自助旅行是件不簡單的事，尤其在一個非英語系國家，為了解決「吃、住、交通、行程、找路、蒐集資料」等問題，花費的時間與耗費的精力相對增多，期待本書能協助您減少摸索過程的不便，並在學做當地人之中，透過觀察─感受─理解─接受，進而更認識自己。

　　最後更要感謝太雅出版社、協助一純確認資訊的好友們，以及樂意提供照片的團員們，因為有你們讓本書得以美好實現。

曾一純

寫在法國火車半自助團20週年紀念

關於作者

曾一純

【學歷】畢業於淡江大學登山系法文社

【現任】瘋馬旅行社／歐洲火車特派員

【工作】歐洲火車半自助團行程設計、帶團，自助規畫／課程、旅遊講座

【寫信給一純】francoisetseng@mail2000.com.tw

【法國火車半自助團創意行程】

普羅旺斯學做法國菜、阿爾卑斯自駕團、法國沼澤區綠色威尼斯、中央山地火山健行等

推薦序 1

　　會鍾情普羅旺斯，緣起於彼得・梅爾的《山居歲月》，大叔散播的梅式毒癮，絕不是跟著旅行團可以療癒的。然而，一個法語啞巴英文瞎的重度路痴，要如何安全抵達戀戀山城呢？

　　2009年秋，好友透過網路找到法國火車半自助團的一純，由她規畫30天的南法巴黎遊，把我從病床上撈起來拖上飛機去圓夢。6個閨蜜依循祕笈順利抵達銀元家，度過一段幸福時光。被判絕症了無生趣的人生，在普羅旺斯的陽光、山泉、橄欖樹、美食猛攻之下又有了生機，那是我生平第一次自助旅行。

　　隔年秋天帶著老公，兩人從普羅旺斯—摩洛哥—義大利—瑞士到巴黎，一路過關斬將，夫妻倆比手畫腳闖天涯，鬧了一堆笑話，卻因旅途中的種種意外插曲，確定相依到老不厭棄。要知道，一純的祕笈只要老花眼鏡不破掉，就不會因迷路恐慌相互指責而爭吵！

　　2017年春夏歐巴桑已可獨闖巴黎機場，手持本書《如何從戴高樂機場到普羅旺斯》篇章，依著圖文輕鬆愉快搭上TGV，再轉車到南法銀元家。

　　在普羅旺斯都幹啥呢？春賞花釣魚賽車，夏採果割薰衣草，秋狩獵打野豬，冬烤栗子釀酒醃菜；找鄰居喝一杯，聊八掛交換情報，逗他們抖出家傳食譜傾囊相授，忙到只想在此天荒地老。

　　感謝純妹，妳的專業給了我出走的勇氣，相信《開始在普羅旺斯自助旅行》能造福更多路痴，旅行從此有了不同的角度與視野。

帕蒂Coco女主人
陳于嬅

推薦序 2

　　海明威曾說：「如果你夠幸運，在年輕時待過巴黎，那麼巴黎將永遠跟著你，因為巴黎是一席流動的饗宴。」

　　而我必須說，如果你夠幸運，能夠擁有一純精心編寫的《開始在普羅旺斯自助旅行》這本書，那麼不管春夏秋冬到普羅旺斯，彷彿都能安然自在，食宿交通和旅遊路線都沒煩惱了，好友一起出遊也不會反目成仇！

　　2016年我參加一純的瑞士火車半自助團，她是一個經驗豐富、細心又謹慎的領隊，同時她能了解每個團員各有需求，在行程中豐富的解說，讓當地的地形地貌、人文自然景物烙印人心。

　　一個連續22年到過普羅旺斯的旅人、職人、達人，還有誰更有資格把普羅旺斯寫得這麼栩栩如生，精采動人呢？

　　從行前準備、交通住宿到美食玩樂，甚至如何緊急應變等等，在本書中都鉅細靡遺地陳述。看完本書，完全可以拋開一切，訂機票出發吧！

作文教育學會理事長
黃偉慈

目 錄

地圖索引

18

認識普羅旺斯

24

行前準備

42

機場篇

58

交通篇

90

住宿篇

如何使用本書

　　本書是針對旅行普羅旺斯所設計的旅遊專書。設身處地為讀者著想可能會面對的問題,將所需要知道與注意的事項通盤整理。

　　精采旅遊景點介紹:除了普羅旺斯全區概況,更對知名大城如亞維儂、亞爾、尼斯、濱海自由城,以及碧泉村、圖圖、艾日、雷伯等美村小鎮做詳細指引,另有欣賞薰衣草、走遊蔚藍海岸、前進聖十字湖與威東峽谷、享受法式水療、住進法國人家體驗鄉居生活等。

　　專治旅行疑難雜症:從辦護照、購買機票與火車票、好用網站與APP、住宿推薦、WiFi租用、行李打包,到入境手續、交通工具選擇、退稅等,全都收錄。

　　提供實用資訊:在地名產、美食,甚至機場免稅店和市集與超市好物,通通都囊括。當出現事故,也有相關聯絡資訊與應變措施,幫助你玩得盡興又安心。

▲ 機器、看板資訊圖解
購票機、交通站內看板資訊,以圖文或Step by Step
詳加說明,使用介面一目了然。

◀行家祕技
內行人才知道的各種撇步、旅遊攻略。

貼心 小提醒
入境法國攜帶
旅客進入與
萬歐元(或

▲ 貼心小提醒
作者的行程叮嚀、玩樂提示,宛如貼身導遊在身旁。

◀豆知識
延伸知識分享、增添對當地的了解。

路上 觀察
亞爾國際
Les Rencontr
自1970年以來,每
的展期,來自全球
討會,在

◀ 路上觀察
當地的街頭趣味、城市觀察、特有活動文化介紹。

◀ 注意事項

讓你旅途更加平順的好幫手。

◀ 行程規畫

提供3、5、7、10天的行程串連、住宿地點、建議交通方式與車程距離，無論是想快閃或慢遊，都可參考，輕鬆出發。

▼ 常用法語單字與會話

提供各種旅行情境下可能會看到、用到的法文，即使不會說，也可以指指點點或是對照使用。

◀ 購買火車票必備知識

告訴你如何善用火車通行證、何處購買、怎麼配搭，也要教你看懂票券和查詢時刻表的方式等。

▲ 在地好物與美食

介紹當地特有的生活與料理用品，有哪些購物商店，市集裡又可找到什麼好東西。也要帶你上館子、吃點心、喝美酒，嘗盡地中海的新鮮滋味。

▲ 熱門玩樂景點

想看古蹟、教堂、美術館？還是想徜徉薰衣草田、海邊吹風做日光浴、或是上山看壯麗景致？都能滿足你的需求。

資訊符號解說

- ✉ 地址
- ☎ 電話
- ◷ 開放、營業時間
- $ 費用
- http 官方網站
- @ E-mail
- ⁉ 重要資訊
- MAP 地圖位置

地圖符號解說

- 🖼 熱門景點
- ⚓ 港口
- 🚌 公車
- P 停車場
- 🛍 購物店家
- 🌉 橋樑
- 🚆 火車
- 🚻 洗手間
- 🍴 美食推薦
- ℹ 遊客中心
- 🚈 輕軌
- ● 地標、建築物
- 🛏 住宿旅館
- 📷 觀景台
- 🚕 計程車
- D23 公路

普羅旺斯印象專題

薰衣草田的故鄉

靜靜地佇立在田中，於是看到薰衣草如波浪般起伏，那似若浪花的聲律，在天地之間有著不可言喻的能量……

向日葵花田

數大就是美的向日葵，展現普羅旺斯豐盛的生命力，展開雙臂迎接旅人到來。

虞美人花田

雖是田地裡的野花，但虞美人總是這般與眾不同，從容自在徜徉在天地之間，由深至淺的色調猶如置身印象派畫裡。

熱鬧市集

熱鬧的市集有著琳瑯滿目的攤位，擺著當令蔬果、香料、乳酪、橄欖，以及手工杯盤、花布，衣服，鞋子，還讓人忍不住流口水的開胃菜與烤雞。

鄉間民宿

貼近和諧的生活美學，也許是木門上親自雕琢的兩顆心，花布落地窗，庭院裡的鐵鑄椅，也許是自製的果醬與大杯café，感受不同民宿主人的巧思與風格。

亞維儂藝術節

從白日到黑夜，自街頭到巷尾，到處是音樂、舞蹈、戲劇、默劇表演，五花八門的遊行打廣告，熱鬧有趣讓人大開眼界，來吧，一起加入藝術節的行列！

現代畫派大師搖籃

不只是梵谷情感強烈的後印象，馬蒂斯奔放不羈的野獸派，夏卡爾天馬行空的超現實，畢卡索抽象的立體派，還有考克多無以界定的畫風，都綻放在普羅旺斯藍得不像話的天空，與充滿自由氣息的蔚藍海岸。

認識普羅旺斯
About Provence

普羅旺斯，是個什麼樣的地方？

印象中的普羅旺斯有紫色薰衣草田、藍得不像話的天空、熱鬧有趣的市集，

還有梵谷筆下的向日葵、麥田與柏樹、蔚藍的海岸與小漁港……

透過本單元，從不同角度來認識這個讓旅者心神嚮往的所在。

普羅旺斯速覽

對普羅旺斯多一點了解，安排旅程更上手！

普羅旺斯小檔案 01

地理 | 南臨地中海，東接義大利

本區位在法國東南部，西邊的隆河由北而南貫穿，偏東的阿爾卑斯山脈一路陡降至尼斯。法國於2016年由22個大區(Région)精簡為13個，普羅旺斯大區旗下共6個省：沃克呂茲省(Vaucluse)、隆河口省(Bouches-du-Rhône)、上阿爾卑斯省(Hautes-Alpes)、上普羅旺斯阿爾卑斯省(Alpes-de-Haute-Provence)、瓦荷省(Var)，以及阿爾卑斯濱海省(Alpes-Maritimes)，地圖見P.3。

> 第一大城：馬賽
> 面積：31,400平方公里(比台灣略小)
> 人口：將近500萬　　宗教：天主教為主
> 官方語言：法語　　　貨幣：歐元

普羅旺斯小檔案 02

語言 | 法語＋少數方言

法語為主要語言，但屬於奧克語系的普羅旺斯地方方言，仍常見於尼斯、亞維儂等路牌標示。飯店、餐館及遊客中心大都能以基本英語溝通。

普羅旺斯小檔案 03

歷史 | 受過多種民族統治

普羅旺斯雖僅是法國一個大區，但其歷史卻非常複雜，6省際遇各有不同。

總體來說，西元前約600年希臘人最早在馬賽建港，日後並移居尼斯、亞爾等地，西元前123年～西元後476年羅馬帝國在此設立行省，統治將近600年，中世紀該區主要為普羅旺斯伯爵領地，但14～18世紀又為勃艮第王國、薩瓦公國、薩丁尼亞王國反覆相爭，18世紀後再度為法國所據，沃克呂茲省重回法國懷抱約200年，尼斯一帶併入法國不過約160年。

▲ 時至今日，當地市政府大門必掛歐盟旗、法國國旗與地方旗

普羅旺斯小檔案 04

建築 | 建築風格深受羅馬帝國影響

大城市常見羅馬競技場、露天劇院、浴場等；小村落的仿羅馬式教堂、禮拜堂、洗衣場、噴泉、灌溉水道比比皆是，至於宏偉的水道橋主要位在郊區。值得一提的是，這些過往的建築或許功能已不再，卻沒有因此被拆掉或搬移，成為見證歷史洪流與當時生活的文化古蹟。

▲ 水道橋源自精於建築工事的羅馬帝國

實用天氣網站

法國7日氣象預報
因法國與台灣溼度不同，將氣象預報的溫度往上加3度，會更貼近我們的體感，而在當地一日之間10來度的溫差是很正常的。
http www.meteofrance.com

▲ 選擇城市名稱再按搜尋即可

普羅旺斯小檔案 05

氣候 | 一年有300天陽光

平地屬地中海型氣候，7、8月早晚涼爽白天燥熱，尤其是亞爾午後常有30多度高溫，山區溫差大約15度。10、11月秋天與3、4月春天約5～15度，但也偶有幾天飆到20多度。冬季多陣雨，12～2月是最冷月分，溫差約10度，也曾1月驟降3天雪；近年因氣候變化較不穩定，四季之中突發的時冷時熱也漸習以為常。

▲ 夏季普羅旺斯艷陽高照，蔚藍海岸海灘常見日光浴遊客

▲ 阿洛斯湖(Lac d'Allos，位於上普羅旺斯阿爾卑斯省)待5月融雪後才能造訪

豆知識

密斯特拉風(Mistral)

這是從北邊阿爾卑斯往南吹的風，一年約有100天，時速大概30～100公里，最常出現在11～4月陽光普照萬里無雲的時節，不僅乾冷刺骨、頭髮亂飛，甚至屋瓦都被吹落，因此普羅旺斯民宅屋頂較平坦，且窗戶盡量不開在北邊。

普羅旺斯小檔案 06

地區旗幟 | 13世紀相傳至今紅黃相間旗

普羅旺斯紅黃相間的旗幟時常飄揚在市政府的門口，此乃源自於在1125年與1226年，兩次與今日西班牙加泰隆尼亞地區聯姻而延用至今。1997年起本區簡稱PACA，新的旗幟加入代表尼斯的海豚與老鷹，常見於火車TER的車廂外觀。

▲ 隨處可見的紅黃相間旗

▲ TER外觀的海豚與老鷹

普羅旺斯小檔案 07

貨幣 | 歐元(Euro，代表符號為€)

台灣的銀行兌換歐元只限於紙鈔，面額由小到大：5歐、10歐、20歐、50歐、100歐、200歐與500歐，至於硬幣，面額由大到小：2歐元、1歐元、50分、20分、10分、5分、2分、1分(Centime)。1歐元約可兌換35～40元台幣。

普羅旺斯小檔案 08

航程 | 巴黎機場TGV直達

從台灣出發的直達班機約12小時多即可抵達巴黎戴高樂機場，由此再搭乘TGV只要3～4小時即可到亞維儂，由此展開旅程。

普羅旺斯小檔案 09

時差 | 夏6小時、冬7小時

夏令時間(3月底～10月底)比台灣慢6小時：台灣00:00＝法國18:00。冬令時間(10月底～3月底)比台灣慢7小時：台灣00:00＝法國17:00。

行家祕技 調整時差小撇步

時差的症狀通常是「注意力不集中」、「無法思考」、「頭昏」、「眼紅」、「想睡」等等。帶團時我會要求團員依照以下方式調整：以抵達當地時間是早上為例，行程結束用完晚餐早點回飯店休息，9～10點上床睡覺，睡到早上3點多就會醒來，此時可上洗手間、喝水，然後再躺回床上繼續睡，就算睡不著，也要閉目眼養神，躺到6點才起床，只要照著做，到行程第3天，自然會越夜越美麗！

CASSIS

認識普羅旺斯

普羅旺斯小檔案 10

電壓 | 220伏特雙圓孔

　　目前全球的手機、數位相機、筆電的電壓,通常在100～240V之間,因此無需再帶變壓器,只需加上雙圓孔的轉接頭。強烈建議不要攜帶萬用插頭,樣式越簡單越好用。

▲ 插座樣式　　　▲ 雙圓孔的轉接頭

普羅旺斯小檔案 11

治安 | 提防扒手

　　通常大城鎮治安較差,越小的村落越安全,尤其是一個女生自助時,建議天黑後除了上餐館用餐,還是盡量待在飯店。旅遊旺季扒手最猖狂,留意尼斯輕軌的扒手通常是3人一組,先分散注意力、下手,再轉移戰利品,手機千萬別放口袋;亞維儂藝術節期間人潮多,大街小巷的扒手趁機找目標;馬賽以搶聞名,就算是團體旅遊也要小心為上。

▲ 旅遊的行李以簡便為佳,隨時留意提防扒手

普羅旺斯小檔案 12

蟬 | La Cigale

　　仲夏時節來到南法必定對蟬鳴有著深刻印象,而那綿綿斷不了的嘹亮腹音,正是雄蟬展現其旺盛的生命力,雖然頻率一致,但是倒沒人會嫌牠吵,反而榮登普羅旺斯的幸運物象徵,當地人通常掛在住家門口或外牆,除此之外,在市集攤位與紀念品店一定可以找到分身。

普羅旺斯小檔案 13

滾球 | Terrain de Pétanque

　　普羅旺斯傳統的休閒活動,不分男女老幼都可加入,常見於公園砂質空地,分為兩隊(共2～6人)進行比賽:雙腳定住、手心握鐵球,以手臂朝上的方向將球拋出,看誰的球最接近目標小球。說難不難,但過程充滿變數及對手各懷心機,都是樂趣所在。

▲ 右邊的長者雙腳定住　　▶ 鐵球握法
將球拋出

行前準備
Preparation

出發前，要預做哪些準備？

除了護照，入境申根國還需要哪些資料？促銷機票有哪些限制？
哪個季節最適合前往？自助或參加半自助團？台灣的國際駕照需要帶嗎？
該帶多少現金？行李如何打包？冬天需要帶太陽眼鏡嗎？讓本篇為你解惑。

證件準備

護照、簽證、國際駕照，請提早辦理

護照

有效期須滿6個月才可入境法國，可到外交部領務局辦理或委託旅行社代辦。

申辦必備文件與費用

- 護照申請書乙份
- 本人2吋照片2張(6個月內彩色照片，露耳、不露齒、不戴有色隱形鏡片，頭頂至下顎的高度為3.2～3.6公分)，於背面簽名
- 身分證正本(未滿14歲附戶籍謄本＋父或母身分證正本)
- 舊護照正本(非首次申請者)
- 役男身分證背面如有載明役別，免附退伍令
- 規費每本1,300元 ＊時有異動
- 親送為4個工作天(不含週六、日及假期)，委託旅行社再加1～2天

貼心 小提醒

何謂役男？

以民國107年來說，在民國69年以後出生未當兵即為役男，需於出國前持護照到戶政機關兵役課蓋章。所謂「役齡男子」是指年滿18歲翌年1月1日起至屆滿36歲當年12月31日止的尚未履行兵役義務之男性國民。

護照這裡辦

外交部領事事務局 http www.boca.gov.tw
- ✉ 本局：台北市濟南路1段2之2號3～5樓(中央聯合辦公大樓北棟)
- 🕐 週一～五08:30～17:00，中午無休；每週三延長受理至20:00止(國定例假日除外)

台北辦事處(02)2343-2807	中部辦事處(04)2251-0799
雲嘉南辦事處(05)225-1567	南部辦事處(07)211-0605
東部辦事處(03)833-1041	緊急聯絡電話(03) 398-2629

簽證

持中華民國護照自2011年起，可免簽證進入申根國，效期為6個月內不超過90天(包含連續停留或間隔多次停留)。但免簽證並不保證能進入，強烈建議備妥下列文件備查。

免簽入境備查文件

- 入境申根國旅平險含海外急難救助(此英文保單，可委託旅行社代辦)
- 英文電子機票
- 英文訂房證明
- 英文行程簡表
- 財力證明(如信用卡、現金等)
- 展演活動之邀請函(如果有的話)
- 未滿18歲，若父母其中一方未同行，需附未同行者之家長同意書(英文法院公證)

國際駕照

若安排自駕行程請於出國前辦理,按規定在法國開車,本國駕照也要帶著備用。請直接於各地監理所申請,申辦時必備下列證件。

申辦必備文件與費用

■ 身分證正本
■ 汽車駕照正本
■ 本人2吋照片2張(6個月內彩色照片)
■ 護照影本
■ 規費250元

*請注意:若有交通違規罰款案件沒處理,就無法申辦國際駕照。

▲ 自駕必備證件

青年旅館證 YH

沒有年齡限制皆可辦理,優惠範圍廣泛,舉凡交通、門票、餐館、外幣兌換等優惠。

申辦必備文件與費用

■ 雙證件正本(身分證、健保卡或中華民國駕照)＋護照影本
■ 規費600元

▲ YH國際青年旅社卡

國際學生證 ISIC

12歲以上學生身分皆可辦理,主要是可享機票、交通與門票優惠。

申辦必備文件與費用

■ 申請表
■ 護照上英文、學校的英文簡稱
■ 本人2吋相片1張
■ 學生證正反面影本或國內外入學通知單影本(需註明有效期限)
■ 規費350元

法國在台協會

✉ 台北市敦化北路205號10樓
📞 (02)3518-5151
🕐 簽證事務於上班日之09:00～12:00受理(僅限預約者)
http www.france-taipei.org

國際青年證 IYTC

凡30歲以下皆可辦理,主要是可享交通與門票優惠。

申辦必備文件與費用

■ 申請表
■ 護照上英文、學校的英文簡稱
■ 本人2吋相片1張
■ 身分證正反面影本
■ 規費350元

中華民國國際青年之家協會

國際學生證、青年旅館證、國際青年證皆可郵寄辦理,請上網查詢。

✉ 台北市北平西路3號3樓3037室(台北火車站東二門3樓)
📞 (02)2331-1102 http www.yh.org.tw

蒐集旅遊資訊

做好充足的行前準備，讓旅程更加完美！

實用網站推薦

法國旅遊發展署

http **cn.france.fr/zh-hant**

當地節慶、
活動、小鎮等
介紹，快速認
識普羅旺斯的
實用管道。

查查法語詞典

http **www.ichacha.net/fr**

不僅查詢菜
單單字好用，
不懂的名詞輕
鬆一翻就可以
搞定了。

普羅旺斯地區美村

http **www.villagesdefrance.fr**

地名、分區
或地圖查詢美
村資訊，有助
行前做功課。

普羅旺斯地區市集日期

http **www.provenceweb.fr/f/var/marches.htm**

每個村鎮市
集日期都不一
樣，事先查詢
就不易錯過。

餐飲大師(Maîtres Restaurateurs)

http **www.maitresrestaurateurs.com**

精湛的廚藝、
食材、食安、衛
生、裝潢、主顧
關係等等都在評
鑑範圍。

米其林指南(Le Guide Michelin)

http **restaurant.michelin.fr**

由此認識米其林評等與推薦，選擇自己感興趣
的廚師與餐館。

行前準備

孤獨星球系列

http www.lonelyplanet.com/france/provence

百年不敗的旅遊資訊，可信度頗高。

法國計程車資運算

http ww.numbeo.com/taxi-fare

非常實用的網站，可以查詢全球主要城市的計程車資，包括起跳價格，每公里及等候價格，輸入起迄站還能試算車資。

實用 APP 推薦

Google翻譯

降低溝通的困擾，熟能生巧、越用越有信心。

 Step 1 下載
在APP搜尋「Google翻譯」，並按下右上角的下載。

 Step 2 開啟
下載完成會出現「開啟」，進到「G文」的畫面。

 Step 3 設定語言
選擇「中文」→「法文」。

 **Step 4** 輸入中文即可翻譯
在欄位輸入中文的同時，下方即出現法文，並可發音。

 Step 5 翻譯紀錄
主畫面可看到翻譯過的句子。

XONE全球限時免費通話

適合在當地打電話訂餐館，或聯絡朋友手機等短時間使用。

Step 1 下載
在 APP 搜尋「XONE」，並按下右上角的下載。

Step 2 開啟
下載完成會出現「開啟」。點選進到「XONE」的畫面。完成註冊、認證及設定密碼即可使用。

Step 3 輸入電話
選擇鍵盤，在欄位輸入「當地市話」並按通話鍵即可接通。

Step 4 免費通話3或5分鐘
免費通話的時間3或5分鐘，請確認條款。

Voyages-sncf火車查詢訂位

此APP除了有法國國鐵的訂位功能，臨時查詢火車時刻也很好用。

Step 1 下載
在APP搜尋「Voyages-sncf」，並按下右上角的下載。

Step 2 開啟
下載完成會出現「開啟」。設定使用語言、完成註冊、認證即可使用。

Step 3 輸入資料並按下搜尋
進入主畫面輸入出發地、目的地、日期時間、艙等，按下搜尋。

Step 4 選擇班次
出現不同班次，請選擇將搭乘的班次，點選班次可看到詳細內容。

Step 5 確認金額並付款

確認完之後，輸入信用卡資料，即訂購完成。

Step 4 選擇飯店及客房，按下預訂

依個人需求篩選飯店並選擇客房，請注意「不退款」或是「免費取消」的條款，確認後按下預訂。

Step 5 完成訂房

填入聯絡資料與信用卡資料即完成訂房，並且會收到確認信。

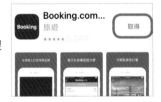

確認編號　　**PIN號碼**

確認編號 1085897113　　PIN 4361

Best Western New York
(貝斯特韋斯特紐約酒店) ★★★

📍 44 avenue du Maréchal Foch, 06000 Nice, 法國

■ 訂房系統

選擇慣用的訂房APP，有助在當地需要臨時訂房、更改或取消，更能快速完成。

以下以booking.com為例。

Step 1 下載

在APP搜尋「Booking.com」，並按下下載。

Booking.com...
旅遊　　取得

Step 2 開啟

下載完成會出現「開啟」。

Step 3 輸入資料，按下搜尋

輸入目的地、入住及退房日期、客房人數，按下搜尋。

全球飯店任你搜
目的地 / 住宿名稱：
Nice, 法國

入住 6月11日 週一　退房 6月13日 週三
客房 1　成人 2　孩童 0
旅遊目的 ○商務　○休閒
顯示 539 間住宿

Step 6 更改或取消

若需更改或取消訂房，可進入「管理訂單」，若是整筆取消請先確認「取消政策」；不論更改或取消，都會收到確認信。

行家祕技　二維條碼 QR Code

越來越普及的QR Code常出現在火車站、店家等的廣告或看板，只要以條碼掃描器掃一下，即可連結至各種活動、訊息、優惠等的網站。

操作方式：手機如果沒有另外下載QR Code掃描APP，也可從LINE的加入好友功能，按下「行動條碼」，再把手機畫面對準QR Code即可進行掃描。

LA GARANTIE DES GARES
GARANTIE CONFORT
GARANTIE INFORMATION
GARANTIE SERVICES
GARANTIE FLUIDITÉ
GARANTIE CONNEXION

旅遊規畫

想要自助旅行，到底該從哪裡開始著手？

旅行的考量

年紀、體力、想法、預算、成員、人數、危機應變等都是考量因素，也是決定旅遊模式的關鍵，選擇適合自己的旅行方式是美好的開始。

▲ 旅行的成員也很重要

旅行的方式

分為半自助團、自助旅行，見下表分析(僅供參考)。

貼心 小提醒

自助旅行，依自主程度略分為下列幾種：
1. 隨性玩法，沒設定太多目標，甚至住宿到當地才決定，隨時可加(改)行程。
2. 懶人包照著玩，景點跟著網友走，住相同民宿、吃相同食物，買一樣的紀念品。
3. 花時間做功課，參考工具書、蒐集資料、安排行程、訂房訂位樣樣自己來，甚至從中發現新景點。

方式	分類	主要交通工具	12天預算（台幣）	住宿	領隊解說	最大優勢	最大缺點
半自助團	火車半自助團	火車為主	9～11萬	3～4星飯店(火車站附近)	有	減少摸索過程自由活動較長	以團體行程為主
	包車半自助團	遊覽車為主	8～11萬	2～3星飯店或青年旅館	不一定	交通共享行程各自走	要找資料做功課
自助旅行	克難自助	火車或開車	5～7萬	青年旅館	沒有	開銷省	考量身體適應度
	一般自助	火車或開車	7～9萬	1～3星	沒有	自主性高	花時間、眼力、腦力、狀況處理、承擔風險
	豪華自助	火車或開車或包車＋司機	15萬以上	4星以上飯店	沒有	吃好住好	預算較高

(製表／曾一純)

行前準備

旅行的季節

春天

處處綻放著粉、白的杏桃、李樹、櫻桃花，鄉間小徑的迷迭香小白花、百里香淡紫花，梧桐葉也剛吐露翠綠嫩芽，甦醒的大地有著一股新生的能量。

▲ 黃澄澄的油菜花田

夏天

各城鎮無不使出渾身解數，音樂、藝術等節慶此起彼落，是最有活力的季節。由於日照長(約6～22點)，時間分配可彈性，若烈陽高照持續高溫，建議避開中午12～3點的戶外行程，並補充水分以預防中暑或熱衰竭。

▲ 亞維儂藝術節是夏日盛宴

秋天

深秋時節濃淡不一的紅、橘、黃調和著人心，放慢腳步，帶著喜悅與感謝的心走訪普羅旺斯，必能感受到幸福。

▲ 繽紛的秋日

冬天

沒有仲夏時節的喧嘩，許多落葉樹開始進入冬眠，光禿禿的枝條為小鎮帶來不同的視覺感受，街上的人們穿起深色風衣，旅人戶外活動時間也跟著縮短，冷的時候自然往店家、咖啡館鑽。

▲ 冬天更需要放慢旅行的節奏

配合宗教節慶出遊

法國是天主教國家，廣為人知的復活節、諸聖節、耶穌升天節(Jeudi de l'Ascension)、聖靈降臨節(Lundi de Pentecôte)、8/15聖母升天節、聖誕節等，都是國定假日，也會以造橋方式(Faire le pont)做成連續假期，因此飯店、餐館、車潮、停車位等都受影響，但只要做好心理準備，一樣可玩得開心愉快，尤其下列3個節日更可以讓旅人感受不同節日的氛圍。

▲ 每年8月15日聖母升天節，可見聖母抱聖子出巡　▲ 艾日居民身著傳統服裝慎重護駕

復活節(Pâques)

為紀念耶穌基督死後復活，訂於每年春天3/21前後月圓後的第一個週日，因此日期並不固定(2018年為4/1，2019年為4/21)。復活節的兔子代表多產，雞蛋象徵重生，如同春天的復甦。在節日前一天，大人將彩蛋藏在家裡或院子角落，讓小朋友去把彩蛋找出來，3月初超市與糕點櫥窗常以蛋型巧克取代傳統彩蛋。

▲ 復活節的隔天週一(Lundi de Pâques)是國定假日

諸聖節(Toussaint)

11/1對法國人來說是帶幾盆菊花到親人墓園追思的日子，近年演變為飯店、餐館、店家帶動櫥窗擺飾，南瓜燈、蜘蛛網與蜘蛛成了應景主角，也算是為迎接冬日到來的暖身。

▲ 很有戲劇效果的諸聖節裝飾

聖誕節(Noël)

聖誕夜有如我們的除夕，再遠的遊子都要回鄉團聚，家人一早就開始張羅晚上的大餐，通常一聚就是到半夜；在聖誕節的前一個月，許多城鎮設有熱鬧的聖誕市集，吃吃喝喝、手工禮品一應俱全；除此，聖誕老公公跟麋鹿也現身在店家櫥窗，天黑後街道上也點亮了各種造型的裝飾燈，散發著濃濃的溫馨節慶氣氛。

▲ 聖誕老公公最受歡迎

行前準備

機票與航空公司

提前上網查詢航班、比價，會有較多優惠。

航班選擇

通常以直飛班機最省時便利，若選擇轉機，多出的時間、體力與行李遺失、班機延誤的風險，也須納入旅遊成本。以下為部分可考慮的航班資訊。

方式	航空公司	轉機點	台灣往巴黎航班	班次
直飛班機	長榮(BR)	無	BR087 2340 / 0730 ＋1天	每日
	法航(AF)	無	AF557 1025 / 1820 當日抵達	二、五、日
轉機班機	國泰(CX)	香港(HKG)	CX531 2000 / 2155 CX261 0005 / 0655 ＋1天	每日
	新航(SIN)	新加坡(SIN)	SQ879 1745 / 2210 SQ336 0010 / 0730 ＋1天	每日

1.以上資料時有異動，本表格僅供參考　　　　　　　　　　　(製表／曾一純)
2.法航自2018年4月中起復航台北－巴黎直飛航線；與華航聯營

訂位方式

訂位與運氣有著密切關係，太早訂或太晚訂還不如訂得正是時候，雖有早鳥價，但若市場供過於求，航空公司也有可能臨時降價或限時特銷；而在一位難求的旅遊旺季，通常是越早訂越划算。

訂位方式	類型	優點	缺點	認知
網路自訂	航空公司	1.限時促銷 2.累積訂位功力	1.花時間耗眼力 2.可能會訂錯 3.輸入很多資料	訂越多人花越多時間，但機票錢省越多
	票務中心	1.方便比價 2.累積訂位功力	1.花時間耗眼力 2.可能會訂錯 3.輸入很多資料	訂越多人花越多時間，但機票錢省越多
旅行社代訂	旅行社	1.告知需求免煩惱 2.有專業可商量	1.可能會較貴 2.可能會訂錯	服務有價，花錢買時間

(製表／曾一純)

票價

票價是由航空公司設定的，遊戲規則與價格高低有著對等關係：

■ 越便宜的票規則與限制越多，如：開票後若更改日期將有罰金及補差額。

■ 越貴的票越能事先劃位，甚至某些較寬敞便利的位子，如國泰航空艙門旁的座位則需加價。

■ 商務艙、豪經艙或經濟艙，通常還細分多種票價，如經濟艙有些票價只能現場劃位，或班機起飛前48小時自行上網選位。

■ 網路訂位選擇多，票價標示也不盡相同，需注意機場稅是否已內含，有的票價看起來雖然較低，但加上機場稅，兩相之下也差不多。

■ 在航空公司的官網訂票，有時所顯示的票價是單程價格，需將回程票價也加進來才是真正的來回票價。

■ 促銷票通常有不能改、不能退、不能劃位的限制，雖價錢吸引人，但相對也承擔部分風險，許多人在網路訂票時只看價格不看規則，或是旅行社業務員忘了告知，請務必在訂購之前確認清楚，避免之後的不便。

行家祕技　商務艙經驗談

越來越多旅客開始選擇體驗商務艙，從作者的經驗，會建議想體驗的讀者，回程時安排搭乘商務艙犒賞自己。以長榮航班為例，商務艙座位寬敞，可以把雙腳伸直躺平，好處之一是遇到亂流也讓人較不害怕；座位各自獨立且靠走道，另提供柔軟的羽絨被。

餐點也讓人食指大動，依照開胃菜、前菜、主菜、多種水果、甜點等順序，如高級餐館一道道慢慢品嘗。

餐間的點心選擇多樣，從西式、中式到台式無所不包，建議可上官網研究菜單事先預定。

▲ 商物艙的每一道菜都以餐盤裝乘，圖為前菜與開胃酒

艙等	票價	票價區分	餐點	座位	認知
商務艙	高	2種票價	選擇多樣，專用餐具	可平躺	花錢買體力
豪華(特選)經濟艙	中	2種票價	菜色比經濟艙稍佳	比經濟艙稍寬	與商務艙差距尚遠
經濟艙	低	3～5種票價	菜色二選一	座位小	一分錢一分貨

(製表／曾一純)

▲ 經濟艙

▲ 豪華經濟艙

▲ 躺平的商務艙

現金匯兌與信用卡

若出國後現金不足，可於當地提款機提領。

匯兌

出國前至兆豐商銀、台灣銀行等兌換歐元，唯現金只限於紙鈔，金額配置以12天行程1,200€為例：100€x7張＋50€x7張＋20€x5張＋10€x5張＝24張，張數太多反而不便，其實到當地很快就會找開，除非會用到大額現金，否則不需換200€與500€。

如何查詢匯率？

以台幣兌換歐元現金，需看匯率表上的「現金賣匯」，除非購買金額很大，否則各家銀行差異不大，可免去比價所花的時間。

至搜尋網站輸入「台幣兌換歐元」，或是下載匯率APP，即可查詢。

該帶多少現金？

同樣一瓶500mL的礦泉水，在超市(0.7€)與火車站(3.5€)的價格就不一樣，於當地所需的種種開銷，除了午晚餐預算約一天30€，其餘就視各景點所需而定，建議12天行程可帶800～1,200€。雖然刷卡在普羅旺斯已普及，但市集的攤販、小型加油站、少數店家或停車場，仍以現金交易為主，有些火車站的自動售票機，甚至只接受零錢投幣。

信用卡

在普羅旺斯大多數飯店、餐館、店家、超市、停車場、加油站、高速公路收費站都接受刷卡，Master及Visa十分普及。建議攜帶較具規模的發卡銀行之信用卡，並於出國前致電告知將在法國刷卡，記得清空額度以免無法順利刷卡。

基本消費參考

項目	歐元(€)
1,500mL礦泉水	1～5€
咖啡	1～12€
法式三明治	5€起
沙威瑪	5.5€起
可麗餅	5€
麥當勞套餐	8€起
麥當勞早餐套餐	3.5€
中餐(越式)湯麵	10€起
明信片	0.4～2€
加油站	5€起
雙人套房價格	60€起

(製表／曾一純)

跨國提款

當旅遊天數長達20天以上，為了避免攜帶太多現金的風險，跨國提款的確很方便，但跨國提款的密碼與國內的提款密碼不一樣，必須另外申請，請洽銀行並了解手續費。

如何辨認提款機可跨國提款？

提款機旁邊有PLUS、Cirrus的標示。

跨國提款步驟 Step by Step ——

Step 1 確認提款機 PLUS、Cirrus標示

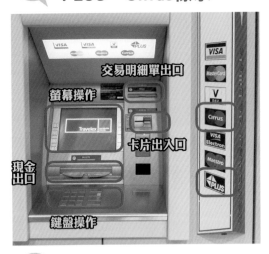

交易明細單出口
螢幕操作
卡片出入口
現金出口
鍵盤操作

Step 2 放入卡片

Step 3 選擇語言

Step 4 輸入密碼

Step 5 選擇金額

Step 6 交易明細

行李打包

三不(不穿新鞋、不帶名牌包、不帶厚重皮箱)，一沒有(沒有皮夾)。

如何準備行李？

行李箱(建議不大於26吋＋4輪)

行李過大上下火車不便，車廂內放置不易，旅遊旺季建議勿帶28吋以上，輕量型4輪的硬殼箱，比厚重硬殼2輪更省力。不愛買的人可選擇「21吋」的登機箱，4輪旅行箱好拉，缺點是在火車上會滑動，所以要側身立著放。

▲ 大背包也是可以考慮　　▲ 旅行少不了行李，但以簡便為優

貼身腰包(隱藏式)

放置大額現金紙鈔、護照、信用卡、國際提款卡，使用方式是穿於內褲與外褲中間，以輕薄、透氣、兩層隔間為佳，冬天是很好的暖暖包，夏天怕熱可移到後腰，並非傳統的霹靂腰包，請辨識清楚。

▶ 比皮夾安全，很重要，必備！

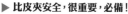

折疊式購物袋(貴重戰利品帶上機)

計畫購買名牌包或易碎杯盤等，用於回程隨身攜帶上飛機。

雙肩小背包(隨身攜帶)

放置重要資料、相機、手機、薄風衣、帽子、圍巾等，外側可放水瓶，尺寸不要過大或太小，且不易割破。

▲ 雙肩小背包才能平均分攤重量

如何打包行李？

二大原則：衣服用捲的＋空隙填滿

行李箱底部有2根桿子，可用較薄衣服捲一捲，將凹處填平，會更省空間。夏天衣褲薄，通常可疊到2～3層，冬天的衣褲雖較厚，但一樣可以用捲的，任何空隙都不放過，填滿所有空間衣服反而不易皺。

▲ 將凹處填平　　　　▲ 一層層疊上去

其他大原則

■ 以12天行程為例，服裝穿1套，最多再帶5套打包放行李箱，歐洲氣候乾燥衣褲不易髒，鞋子穿一雙帶一雙，特別是夏天，包鞋與運動涼鞋輪流穿較透氣。

■ 四季必備：帽子，普羅旺斯吹起密斯特拉風也會讓人頭痛；薄圍巾，擋風；太陽眼鏡，護眼。

■ 善用保鮮盒：化妝水、乳液等保養品，可用小瓶子分裝再放入保鮮盒內防漏，亦可裝怕壓壞的物品，如充電器、裝洗水果等等。

▲ 舒適的走路鞋很重要　　▲ 瓶瓶罐罐需分裝

貼心 小提醒

登機隨身行李管制：乳液、護唇膏、眼藥水、藥品等液狀、膏狀物品，須裝在透明拉鏈袋內，總量少於100mL。

不可託運物品：打火機、鋰電池、行動電源(可用小拉鍊袋裝妥)，只能隨身攜帶。

不可登機物品：刮鬍刀、眉刀、超級小刀、瑞士刀等，只能放在大行李箱。

服裝參考 (以12天平地行程為例)

4～6月初(春季)、10～11月(秋季)	6月中～9月中(夏季)	12～3月底(冬季)
羽毛衣(薄)	羽毛衣(薄)1件	羽毛衣(厚)
風衣(中)	風衣(薄)1件	風衣(厚)
保暖長袖內衣2件	長袖上衣(薄) 1～2件	保暖長袖內衣2件
長袖上衣(薄) 2件	短袖上衣5件	長袖上衣(薄) 1件
長袖上衣(厚) 2件	短褲(群)1件	長袖上衣(厚) 3件
長褲3～5件	長褲(排汗透氣) 3～5件	長褲(保暖) 3～5件
圍巾(厚) 1條	圍巾(薄) 1條	圍巾(羊毛) 1條
帽子(防風) 1頂	領巾1條	手套(薄) 1雙
舒適氣墊走路鞋1雙	帽子(遮陽) 1頂	帽子(保暖) 1頂
運動涼鞋1雙	舒適氣墊走路鞋和運動涼鞋1雙	舒適氣墊走路鞋1雙

1.依照個人怕冷或怕熱體質彈性調整，易流汗建議夏天以排汗透氣衣褲為佳。　　　　　　(製表／曾一純)
2.山區行程，保暖衣褲請斟酌添加。

行李清單 A. 隨身行李

✓	證件貨幣	備註
	護照正本	出發日起6個月內有效期
	護照影本	與正本分開放
	國際駕照中文版	
	國際駕照英文版	中英文版放一起
	大頭照2張	近照佳
	現金(歐元)	12天行程約800～1,200€
	信用卡	先知會發卡銀行將在法國刷卡，資料備份

行前準備

✓	重要資料	備註
	電子機票正本	人工退稅會用到
	申根國旅平險、英文保單	旅遊不便險＋海外急難救助
	訂房記錄	飯店以紙本為主，影本另放
	租車記錄	以紙本為主，影本另放
	簡易英文行程表	
	城鎮地圖影本	預先畫好主要動線、火車站、飯店等位置
	資料雙備份	若手機掉了，哪些電話會用到？將他們寫或打在旅遊手冊裡備用
	重要物品	**備註**
	手機	
	Wi-Fi分享器	
	相機＋記憶卡	護照等資料可用手機、相機拍下備用
	貼身腰包	防扒手必備(大部分現金、信用卡、護照)
	零錢包	放歐元
	口罩	飛機上預防乾燥、感冒感染
	口哨	防身、嚇阻
	太陽眼鏡	四季必備
	筆、筆記本、工具書	筆2～3支，工具書若太重可拆開分別使用
	其他用品	**備註**
	保溫瓶400mL	春秋冬必備
	超市購物袋	全年必備
	兩截式雨傘	全年必備

(製表／曾一純)

B. 託運行李

✓	盥洗用品	備註	✓	視個人需要才帶	備註
	牙膏＋牙刷＋牙線	飯店不提供		女性衛生用品＋面紙	當地大超市最便宜，藥房最貴
	沐浴乳＋洗髮精＋護髮乳	大多數飯店僅提供三合一沐浴乳、大浴巾		男性刮鬍刀	
	身體乳液、護唇膏、護手霜	當地幾乎全年乾燥		充氣枕頭	飛機上、長程火車可使用
				暖暖包	冬天必備
	電子產品	**備註**		保鮮盒(中型)	洗水果、裝水果
	充電器	手機、相機、平板等		鋼杯(大型)	若要泡麵、泡茶等
	雙圓孔轉接頭	電子產品的電壓在240V內通用		拖鞋	一般飯店不提供
	藥品	**備註**		衣架1個	晾貼身衣褲
	暈(車船機)藥、腸胃藥、感冒藥			免洗內褲	
	個人藥品	很重要		泳衣(泳褲)＋泳帽	
	綜合維他命(或B群)	旅行需要體力		正式服裝	預訂米其林(2～3星)餐廳
	OK繃或透氣膠帶			折疊式購物袋	回程貴重戰利品帶上機

(製表／曾一純)

機場篇
Airport

抵達機場後，如何順利入出境？

本篇主要介紹巴黎戴高樂機場第一航廈，即便是第一次前往普羅旺斯，只要跟著書本 Steps，
就可搞定機場與 TGV 火車站動線，減輕對陌生交通的不安，讓自助的夢想輕盈飛揚。

認識戴高樂機場

出入法國的最大門戶。

巴黎戴高樂國際機場(Aéroport Paris-Charles-de-Gaulle)，訂位代號為CDG，是法國最大機場，3個航廈之間，以免費接駁電車(CDGVAL)連結，由台灣出發的長榮，以及轉機的新航、泰航、土航都是在第一航廈，華航與法航聯營的直飛班機在第二航廈，以下介紹的一航是圓形結構。

戴高樂機場 http www.parisaeroport.fr
點入左上方法國國旗，可選擇語言

▲ 28、26號出口有數家租車中心

機場設施

入境大廳(5樓)

一進入境大廳就會看到法式三明治Brioche Dorée的店面，然後在4號出口(Sortie 4)可以看到旅遊服務中心，2號出口的位置則有機場服務中心。若要轉乘交通工具，在36和34號出口之間有通往CDGVAL的電梯；28和26號出口有數家租車中心；而24號出口一出去就是計程車招呼站。

▲ 從24號出口出去就是計程車招呼站

免稅店區(入、出境共用)

在通過衛星通道之後，會看到洗手間和班機資訊的電子看板，接著會看到免稅店區(Duty Free)和貴賓室指標，法國知名馬卡龍品牌拉杜麗(Ladurée)在此也有店面。想大肆採購一番，這裡還有提款機能滿足「不時之需」。

▲ 36、34號出口之間有通往CDGVAL的電梯

▲ 衛星通道

機場篇

入境法國攜帶物品規定

旅客進入與離開法國時,如有攜帶等於或大於一萬歐元(或等值外幣)的金錢款項、證券或貴重物品,都應在機場或港口等海關處,選擇紅色通道向海關申報。如不需要,則選擇綠色通道通關即可。

入境法國菸酒數量限制:

■ 菸草類:香煙200支、小雪茄100支、煙草250克、雪茄50支。

■ 酒精類:靜態葡萄酒(非氣泡酒)4升、啤酒16升、22%以上的酒類1升、22%以下的酒類2升。

■ 17歲以下不能攜帶免稅煙酒入關。

此外,還有易腐物、藥品等限制,詳見法國旅遊發展署網站。

http cn.france.fr/zh-hant/information/114593

出境大廳(3樓)

出境大廳位於3樓,這層樓的機場相關設施有服務中心(i)、螢幕觸控服務中心(i)、行李保護服務(Safe Bag)、兌幣中心(Bureau de Change)、1號大廳、大型行李託運櫃檯(Bagages Hors Format)及登機口(Embarquement)。若需要退稅,則可以搭乘電扶梯前往2樓。在出境前,如果想吃點東西充飢的話,這層樓也有法式三明治Brioche Dorée的店面。

▲ 行李保護服務

▲ 大型行李託運櫃檯

▲ 1號大廳

▲ 往2樓退稅電扶梯

▲ 登機口

退稅中心(2樓)

從出境大廳搭乘電扶梯來到2樓之後,可以依循「Détaxe/Tax Refund」的指標找到退稅中心(Détaxe)。機場接駁電車(CDGVAL)的月台、藥房(Pharmacie)、洗手間(Toilettes)、麥當勞(McDonald's)及保羅麵包(Paul)也在本樓層。

▲ 退稅中心

▲ 前往機場接駁電車的通道

航廈聯通道與行李寄放

　　航廈聯通道是一個井字形通道，分別連接一航、三航與二航(二航共有9個大廳2A～2G及L、M)。可先遵循法國國鐵火車站(Gare SNCF)指標來到航廈聯通道，在此會看到行李寄放(Consigne à bagages)的指標。

　　行李寄放最多可寄放5天，收費標準可參考官網，適合搭晚班機但很早就到機場，或有計畫從機場到近郊或進巴黎市區的遊客多加利用。

▲井字形通道連接一航、三航與二航

行李寄放處(Bagages du Momde)

📞 +33 1 48 16 02 15
🕐 每日06:00～21:30
💲 託運行李每件5€(3小時內)、8€(6小時內)、14€(12小時內)、18€(24小時內)、28€(2天內)
http www.bagages dumonde.com

TGV 高鐵站大廳設施

　　在TGV高鐵站的大廳層，有只提供詢問服務但不售票的諮詢中心(i)、長程線購票中心(Boutique Grandes Lignes)，還有輕食料理店(class' croute)、旅行用品店(Little Extra)、書店(Relay)、洗手間(Toilettes) 和回收桶。而車站大廳的北門(Porte N)則可以通往3～6號月台(Voie 3～6)。

TGV火車站大廳

▲二航的TGV火車站乘車旅客多

▲機場TGV大廳放了一台鋼琴，上面寫著VOUS DE JOUER(任你彈!)，等車不無聊

北門可以通往3～6號月台

長程線購票

諮詢中心(不售票)

輕食飲料店class' croute

戴高樂機場平面圖

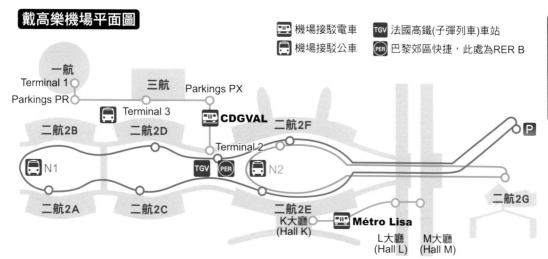

機場接駁電車　TGV 法國高鐵(子彈列車)車站
機場接駁公車　PER 巴黎郊區快捷，此處為RER B

一航 Terminal 1
Parkings PR
三航 Terminal 3
Parkings PX
CDGVAL
二航2F
Terminal 2
二航2B　二航2D
N1
TGV　PER
N2
P
二航2A　二航2C
二航2E
K大廳 (Hall K)
Métro Lisa
L大廳 (Hall L)　M大廳 (Hall M)
二航2G

第一航廈入境大廳 (5樓)

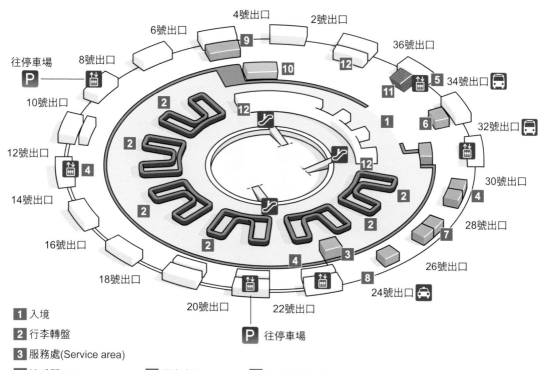

往停車場 P
8號出口　6號出口　4號出口　2號出口　36號出口
10號出口　34號出口
12號出口　32號出口
14號出口　30號出口
16號出口　28號出口
18號出口　26號出口
20號出口　22號出口　24號出口
P 往停車場

1 入境
2 行李轉盤
3 服務處(Service area)
4 洗手間(Toilettes)
5 通往CDGVAL電梯
6 服務中心(i)
7 租車中心
8 計程車招呼站
9 旅遊服務中心
10 法式三明治(Brioche Dorée)
11 書店(RELAY)
12 兌幣中心

第一航廈登機層、免稅店區 (4樓，入、出境共用)

1 入境海關
2 出境海關
3 衛星通道
4 洗手間(Toilettes)

5 往貴賓室
(Salons Lounges)
6 免稅店(DUTY FREE)
7 菸酒名產(BuY Paris Duty Free)
8 拉杜麗(Ladurée)
9 行李保護服務(Safe Bag)

70~78號登機門
60~68號登機門
30~38號登機門
50~58號登機門
20~28號登機門
40~48號登機門
10~18號登機門

＊登機門皆有書店(RELAY)、法式三明治(Brioche Dorée)、菸酒名產(BuY Paris Duty Free)及洗手間(Toilettes)。40~48登機門另有Cafè Ritazza。

第一航廈出境大廳 (3樓)

10 服務中心(i)
11 兌幣中心(Bureau de Change)
12 法式三明治(Brioche Dorée)
13 星巴克(Starbucks)

2號出口
4號出口
6號出口
8號出口
10號出口
16號出口
18號出口
32號出口
30號出口
28號出口
26號出口
24號出口

1號大廳(Hall 1)
2號大廳(Hall 2)
3號大廳(Hall 3)
4號大廳(Hall 4)

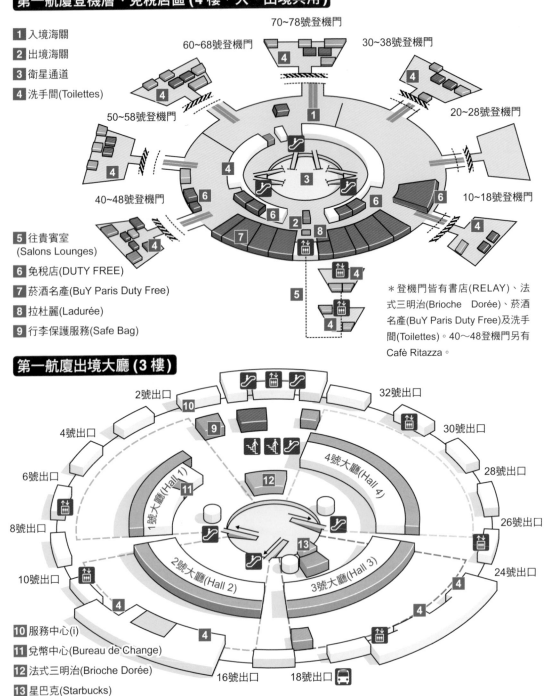

第一航廈退稅、CDGVAL (2樓)

1 退稅中心(Détaxe)
2 機場接駁電車(CDGVAL)
3 郵局(La Poste)
4 洗手間(Toilettes)
5 藥房(Pharmacie)
6 書店(RELAY)
7 保羅麵包(PAUL)
8 麥當勞(McDonald's)
9 兌幣中心

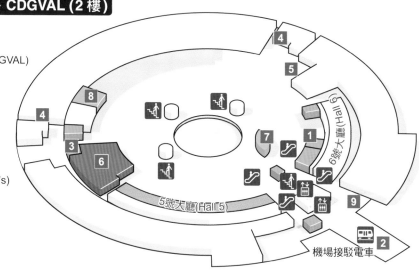

機場接駁電車

善用機場商店

行家祕技

進入機場時，眼光一定會被各式商店所吸引。來到戴高樂機場，嘴饞、肚子餓時可以到保羅麵包買份道地的法式三明治或甜點；想要購買伴手禮，推薦到菸酒名產店BuY Paris Duty Free找貨；若是想帶本法文書或雜誌當紀念品或路上解悶，就到書店RELAY逛逛。

RELAY

▲ 美食雜誌教你做法國菜　▲ 把居家生活雜誌帶回家

Paul

BuY Paris Duty Free

▲ 法式三明治值得品嘗　▲ 杏桃派(anglaise aux abricots)　▲ 法芙娜(VALRHONA)巧克力送禮自用皆歡喜　▲ 單獨包裝的牛軋糖不黏手

如何出入境

輕鬆掌握出、入境相關步驟。

入境法國步驟 Step by Step

Step 1　出機艙往電動通道

下機後會經過長長的電動通道(約2分鐘)。

Step 2　遵循出口、行李標示

電動通道之後即是免稅店家，遵循行李(Bagages)、出口(Sortie)指標前進(重要指標都有中文)。

Step 3　證照檢查

進入右手邊「所有護照」(Tous Passeports)排隊，護照拿在手上，其他文件也帶著備查。

Step 4　朝行李區前進

繼續朝行李(Bagages)、出口(Sortie)的指標前進，進入電動通道(約30秒)。

Step 5　行李轉盤號碼

確認航班與行李轉盤號碼，再前往等候。

Step 6　過海關或轉機

入境海關並無明顯通道，偶有幾位海關人員站一旁，若沒物品申報直接通過即可(見P.45)。若從戴高樂機場轉機到其他城市，下機後遵循轉機

(Correspondances terminaux)指標辦理，通常不需領行李與出境，請先與各航空公司確認。

出境法國步驟 Step by Step

Step 1 退稅、辦理登機手續

班機起飛前3小時抵機場，首先完成退稅手續(見P.127)，再辦理登機，電子機票帶著備查。

▲ 查詢報到櫃檯，長榮通常在1或2號大廳(Hall 1或Hall 2)

Step 2 往出境電動通道

拿到登機證直接前往出境電動通道，入口處皆有安檢人員，持護照與登機證才能進入。

Step 3 證照檢查

由於排隊人潮多，這裡通常會等候15分鐘以上，移民官幾乎不會問任何問題。

Step 4 免稅店家

過證照檢查即是免稅店家，在此購物需出示登機證，購買液體類如香水、保養品、酒等等，收銀員會將發票與物品以透明袋封起來，切記不可拆開，才能順利登機。

Step 5 X光安檢，等候登機

進到候機室前，必須通過X光安全檢查，因同時段常常有3個班機起飛，常大排長龍，建議早點進來以免延誤登機。接著進入候機室，等待地勤人員通知登機(需持護照與登機證)。

▲ 進入電動通道，前往登機室

如何從機場往返普羅旺斯

子彈列車TGV是最便捷的選擇，此圖為戴高樂機場CDGVAL月台。

台灣到普羅旺斯沒直飛班機，最便利的捷徑是從戴高樂機場火車站(Gare SNCF，位在二航)，搭乘子彈列車(TGV，Train à Grande Vitesse)前往，到亞維儂約需3時12分，到馬賽約3時49分。

戴高樂機場航廈之間，有免費接駁電車(CDGVAL)連結，共五站：Terminal 1—Parkings PR—Terminal 3(連結RER B)—Parkings PX —Terminal 2(連結Gare SNCF和RER B)。若班機是抵達二航，只要從入境大廳遵循Gare SNCF指標，就可步行抵達火車站。以下介紹從一航至機場火車站前往普羅旺斯。

從戴高樂機場一航搭TGV到普羅旺斯步驟 Step by Step

Step 1 搭電梯到CDGVAL樓層

一進入境大廳(Arrivee)會先看到法式三明治店(Brioche Dorée)，右前方就可看到34、36號出口(Sortie 34、36)，在它們之間有3台電梯，在電梯內按下「CDGVAL」(2F)即可。

Step 2 CDGVAL月台上車，二航下車

出電梯往正前方走，先通過一小段手扶梯，即來到CDGVAL接駁電車的月台。電車約8分鐘抵終點站二航，下車後搭電扶梯往上，遵循Gare SNCF指標前進。

Gare SNCF

▲ 從電扶梯上來後遵循火車(Trains)指標

Step 3 火車站大廳確認月台

由下圖的位置搭手扶梯往下2層，即來到TGV火車站大廳。查看大廳時刻表確認月台。

Grandes lignes

Step 4 打票，找月台與車廂

有車票者，先在黃色打票機打票再進月台(如需現場購票，見P.69)。搭電扶梯往下至月台，接著確認車箱位置(請留意：有時TGV是由兩列子彈列車連起來，中間並不相通)。(找到車廂與座位，見P.71)。

打票機　車箱位置
▲ 從螢幕確認車箱位置

從普羅旺斯搭TGV到戴高樂機場一航步驟 Step by Step

Step 1 月台搭電扶梯

下火車後直接從月台上電扶梯，遵循機場(Aéroport)指標前進。

Step 2 大廳搭電扶梯

來到火車站大廳，繼續搭電扶梯上到航廈聯通道。

Step 3 CDGVAL月台入口

遵循一、三航(Terminaux 1, 3)指標，由此入口搭電扶梯下到CDGVAL月台。

Step 4 一航下車

電車抵達一航跟著人潮下車移動，經過一小段手扶梯。

Step 5 退稅

此時若要辦理退稅(手續見P.xx)，在同樓層遵循Détaxe指標；若不辦退稅，直接查詢牆上的電子看板確認報到櫃檯。

Step 6 出境大廳

退稅後，搭電梯或手扶梯上到3樓的1～4號大廳(Hall1～4，長榮通常在Hall 1或Hall 2)，辦理登機手續。

認識尼斯機場

普羅旺斯最大的機場。此為二航外觀，入境在樓下，出境在樓上。

尼斯機場全名為尼斯蔚藍海岸國際機場(Nice Côte D'Azur)，訂位代號為NCE，一、二航之間有免費接駁公車(Navette Shuttle)，以下介紹二航設施(法航在此停靠)。

機場設施

入境(0樓：地面樓層)

二航共有兩層樓，入境大廳在0樓(地面樓層)，出境大廳在1樓。尼斯機場非常小，從下機→出關→提領行李→大廳，遵循出口(Sortie)方向即可，時間短到讓你驚喜。若要轉乘其他交通工具，從A2出口可前往計程車招呼站、航廈接駁車停靠站、停車場、租車中心及公車站。其中，計程車招呼站和航廈接駁車停靠站都位在出口左側，租車中心的入口在A2出口正對面，而公車站則在出口的右斜前方，公車可直達尼斯火車站或市區。在入境大廳還設有旅遊服務中心和藥房。

▲ 租車中心的入口在A2正對面，遵循指標Car Rental Center 步行約5分鐘可抵達租車大樓

▲ 航廈接駁車停靠站　　▲ 公車站

▲ A2出口可轉乘其他交通工具

▲ 旅遊服務中心

機場篇

出境(1樓)

　　二航的1樓為出境大廳，大廳中有電子看板供旅客確認班機資訊。報到方式可分為自助Check in和櫃檯Check in兩種。若要辦理退稅，則需前往入境樓層(0樓)A3出口的櫃檯辦理。此外，在出境大廳也設有電話(網路)訂位自助區。

▲ 退稅櫃檯位在入境樓層(Arrivé)的A3出口

▲ 前方機器：自助Check in，後方：櫃檯Check in

▲ 電話(網路)訂位自助區

▲ 前往登機門

尼斯機場到尼斯市區

尼斯公車

　　從機場到市區的交通方式簡介如下表，如果想節省荷包，可以選擇搭乘公車進尼斯市區。機場一航與二航都有公車站，以下介紹從二航搭乘公車的步驟。

交通方式

(製表／曾一純)

交通工具	Bus 98	Bus 99	Taxi
路線	機場一市區(英人散步道)	機場一尼斯火車站	機場一市區指定地點
班次	約15分鐘一班	約30分鐘一班	排班
所需時間	約30分鐘	約30分鐘	約20分鐘
票價	6€	6€	約30€

▲ 機場專線車票正面(bus 98、99)

▲ 打票後，車票背面印出來的字

搭乘公車步驟 Step by Step

Step 1 前往月台

A2出口的右斜前方就是公車月台，4號月台(Bus 99)直達尼斯火車站，5號月台(Bus 98)直達尼斯市區。

Step 2 上車買票

直接跟司機買票，單程票6€(票價時有異動，請依實際狀況為主)。

Step 3 打票

拿了票直接在打票機打票，否則示同逃票，有票但沒打票將罰款34.5€。請注意：司機並非查票員。

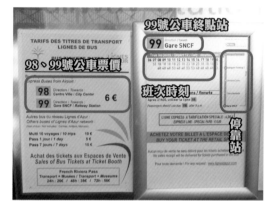

▲ 公車月台告示，上面有票價、公車號碼、終點站名稱、班次時刻、停靠站、注意事項等資訊。請注意：99號公車過了21:00之後不行駛，要改搭98號公車

■ 計程車

尼斯機場二航的計程車招呼站，位於A2出口左側的半室內，因光線不是很亮加上被柱子擋到，可能一時找不到，但仔細看其實就在旁邊，柱子上寫著大大的TAXIS及叫車電話04.93.13.78.78。

當地計程車起跳價為7€，每一公里加1.5€，延滯計時每60分鐘約10€。由機場上車到尼斯市區飯店約30€，到尼斯市區火車站約20€。若有大行李需另加小費，以整數為佳如兩件5€。司機友善。可先準備乘車小紙條，方便溝通(見P.82)。

▲ 搭乘計程車前往尼斯機場

常用法語 ABC

常見單字

中文	法文	中文	法文
機場	L'aéroport	火車	Le train
航廈	Le terminal	車廂	La voiture
入境(抵達)	Arrivées	月台	Le quai
出境(出發)	Départs	時刻表	Les horaires
轉機(車)	Correspondance	遲到	Retard
大廳	Hall	準點	À l'heure
航班	La vol	取消	Supprime
護照	Le passeport	查票員	Le contrôleur
電子機票	Billet électronique	下一站	Le prochain arrêt
登機證	La carte d'embarquement	出口	La sortie
退稅	Détaxe	行李	Le bagage
登機門	La porte	提款機	Le distributeur
電梯	L'ascenseur	14點～18點	De 14h à 18h

實用會話

我的行李遺失了。	Mon baggage est perdu.
我的行李還沒到。	Mes bagages ne sont pas arrivés.
我把東西忘在飛機上。	J'ai oublié quelque chose dans l'avion.
我不懂。	Je ne comprends pas.
有會說中文的人員嗎？	Il y a quelqu'un qui parle chinois?
我是來度假的。	Je suis venu en vacances.
打票機壞了。	La machine à composter est en panne.
要如何去那裡？	Comment peut-on y aller ?
請幫我叫一台計程車。	Pourriez-vous m'appeler un taxi.
請載我到…… (某地址)。	Pourriez vous m'amener à .....

交通篇
Transportation

5種工具暢遊普羅旺斯

好好認識各種交通工具，才能在最適當的時機運用自如，尤其「火車」是自助不可或缺的代步工具，
本篇以多頁篇幅詳細介紹，舉凡訂位、查詢時刻、如何找對月台並上對車廂、上錯火車的應變，
或是遇到罷工該如何處理，作者多年的實戰經驗一次分享給你。

交通工具分析

挑選最適合的交通工具，旅途更加順暢！

普羅旺斯幅員廣闊，城鎮之間可搭火車、公車或自駕往返，城內則以公車、計程車代步，而尼斯市區也有輕軌。了解這些交通工具，就能因時因地善用，也能規畫出適合自己的玩法。

▲ 從火車上觀賞薰衣草田

▲ 許多景點靠公車接駁

交通工具優缺點分析

種類	優點	缺點
火車	時速快又平穩，大片車窗讓視野無限延伸，累了可發呆，膩了能四處走動，包廂座位較能與當地居民互動	需配合班次時間，並要有一年兩次罷工的心理準備
公車	沒火車站的點靠公車連結，因時速不快，可透過車窗以不同角度貼近景物，有時也可直接抵達旅遊景點	需配合班次時間，有些路線週末假日、寒暑假及淡季減班或停駛
計程車	不必浪費時間找停車位，機動性強，不用上下扛行李	成本高，最好有旅伴分擔
自駕	不必擔心罷工，行程與時間完全自主。建議2〜4人成行，吵架時可換位緩衝，並分攤過路費與停車費	至少兩人結伴，一個開車一個負責路況等；旺季找停車位需有耐心
尼斯輕軌	班次頻繁，觀光景點停靠站選擇多，累了即可跳上車	週末假日、旺季人多擁擠，要提防扒手

(製表／曾一純)

▲ 尼斯輕軌

▲ 自駕另有一番樂趣

交通篇

火車

搭乘火車,享受速度快又平穩的旅程。

火車種類

　普羅旺斯主要城鎮之間以子彈列車(TGV)作串聯,村莊則以區間車(TER)連結,此外也可選擇時速介於二者之間的跨區列車Téoz與IC,至於夜臥火車(Lunéa)可在尼斯睡去巴黎醒來,五者皆由法國國鐵(SNCF)經營。

貼心 小提醒

正確使用洗手間 衛生紙不丟馬桶

　在行車搖晃中使用洗手間要有功力,沖水、洗手的按鈕都在地上,請用腳踩住,確認沖乾淨才離開。

▲出水按鈕在地上

種類	法文名稱	速度	條件
高鐵	TGV(Train à Grande Vitesse)	時速最高320公里的子彈列車	需訂位
跨區幹線	Téoz	時速200公里的跨區列車	需訂位
城際列車	IC(Intercités)	時速160公里跨區列車	現場購票
區間列車	TER(Transport Express Régional)	時速120公里區間車	現場購票
夜臥火車	Lunéa	視路段而定	臥舖需訂位

(製表/曾一純)

車廂介紹

■TGV:TGV分為單層和雙層兩種車體,其中車廂又有3排座位(頭等艙)和4排座位(二等艙)的分別。座位都有充電插座和垃圾桶的配置,大行李架主要在車廂與車廂之間,新款的TGV在車廂內的前中後段也設有小行李架。至於餐車則位於頭等艙和二等艙之間。

▲單層TGV外觀

▲雙層TGV外觀

▲充電插座

▲頭等艙座位的垃圾桶

■Téoz：車廂分為頭等艙和二等艙兩種，其中頭等艙又細分為3排座位和6人的包廂式座位。Téoz在座位和座位之間也設有行李架，方便乘客放置。

▲ 外觀

▲ 頭等艙3排座位

▲ 頭等艙包廂6人座位

▲ 行李架

■IC(Intercités)：車廂分為頭等艙和二等艙兩種，頭等艙的配置是3排座位和6人的包廂式座位，而二等艙則分為4排座位和8人的包廂式座位。車門開啟方式分為手動往右扳開，以及按鈕自動開門兩種。

▲ 頭等艙(1)與二等艙(2)外觀

▲ 頭等艙3排座位

▲ 二等艙4排座位

▲ 二等艙包廂8人座位

▲ IC車門向右扳開

▲ 進出IC車廂的綠色按鈕

綠色按鈕

■TER：為雙層車體，主要以二等艙為主，頭等艙往往只有一小節車廂，大多位在最前面車廂的上層，列車設有垃圾桶、行李架及寬敞的洗手間。

▲ 雙層TER外觀

▲ 一層半TER外觀

▲ 垃圾桶

▲ 門口座位，人多時不要坐

■Lunéa：夜臥火車Lunéa的簡易臥舖(Couchette)二等艙是6人一室，兩側皆有上、中、下舖。每舖都附有床單、被單、耳塞及礦泉水。

▲ Lunéa外觀

▲ 簡易臥舖二等艙6人一室（上中下舖）

貼心 小提醒

延遲關門時間
　　在所有火車的車廂門口上方，將「綠色按鈕」按一下即可稍微延後關門時間。

認識火車站

車站越大功能越多。大廳、購票處、洗手間及書店是大車站的基本設施,但迷你型火車站(如濱海自由城)只有簡易大廳與自動售票機。

車站設施

▲ 月台入口

Le quai
▲ 月台

▲ 紙本時刻表(可自取)

Location Voitures
▲ 租車中心

▲ 施工資訊

Photomaton
▲ 自動照相機

selecta
▲ 飲料販賣機

▲ 大廳(通常都不大)

ESPACE DE VENTE
Espace de Vente Boutique
▲ 大火車站購票處

Billets
▲ 小火車站購票處

Espace détente
▲ 候車室(冬天最好用)

Relay
▲ 書店

ACCUEIL
▲ 詢問中心i或Accueil
(不能購票)

Toilettes
▲ 洗手間(通常在靠近大廳的月台)

行家祕技 行李寄放 Consignes

自助旅行途中若想在某個小鎮停留數小時,最傷腦筋的就是行李,因此火車站的行李寄放服務就特別重要。在德、瑞、義、荷等國火車站有提供自助行李寄物櫃,但法國怕被放炸彈,20年前就已陸續停止此服務。

亞維儂和尼斯火車站也無此服務,倒是車站附近有民營的寄放處(Le Consignes,亞維儂見P.133與P.134)可以利用。此外,也可退房後將行李寄放在飯店,再做個短程來回小旅行。

Objets trouvés
Lost property
Consignes
Left luggage · Consignes

▶ 行李寄放的法文:
Consignes

火車實用篇

善用「火車通行證」

■ **「火車通行證」＝火車聯票**：若僅在普羅旺斯旅遊只需買法國火車通行證(Eurail France Pass)，效期一個月內任選3～9天，天數愈多平均價格愈便宜，票價分為成人票、2～5人同行票、青年票(26歲以下)、敬老票，還有頭等艙及二等艙的選擇。

▲ 火車通行證票殼

▶ 火車通行證內頁

■ **如何購買**：全台旅行社皆可購買，價格統一。

■ **如何選擇「天數」**：以4天份的兩人同行票頭等艙為例，火車通行證票面上會出現4格(等同於4天)，每一格代表每一天的搭乘日期，那該如何算出所需的天數呢？建議結合方法1與方法2來考量：

方法1：平均車資算法

假設4天的兩人同行票頭等艙每人票價200€，平均一格成本50€，舉凡2小時以上的TGV、起訖站超過300公里、行車超過3小時，或搭夜火車臥鋪，使用火車通行證就物超所值；相反地，僅短程移動，如尼斯到濱海自由城，7分鐘單程票二等艙5€，當天來回10€，若填用一格就虧了。

方法2：天數差價算法

以4天跟5天的青年票普通艙為例，每人票價155€跟178€，多買一天的價差只有23€，若任一日最低車資高於23€，買5天比4天划算。

火車通行證圖解

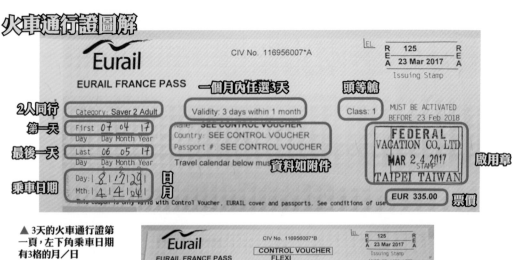

▲ 3天的火車通行證第一頁，左下角乘車日期有3格的月／日

▶ 火車通行證第二頁，內容為乘客資料

以亞維儂至亞爾來說，19分鐘單程票二等艙10€，當天來回20€，若想省錢，可以現場排隊購票，但若想省當地購票的麻煩亦可選5天的火車通行證。

■ **如何啟用**：搭火車前務必將「法國火車通行證」拿到火車站櫃檯蓋啟用章，連同護照正本交由櫃檯人員由其填上護照號碼、有效期間、首次搭乘日期(若蓋章日非乘車首日，則由旅客在搭車日自行填上)。

行家祕技 「頭等艙」更划算

頭等艙的座位跟走道比二等艙更舒適，乘客以商務客、家庭為主，而且TGV訂位更好訂、每格價格只比二等艙約多出7~11€(價差視票種而定)。

如何查詢火車時刻

■ **紙本時刻表(Horaires)**：為掌握行程及詳細的停靠站，可在售票處的開架上，自行索取摺疊式時刻表。

■ **上網查詢**：掌握火車時刻，一來可把行程安排好，二若有突發狀況，前後班次可供應變。除了法國國鐵網站 🌐 en.oui.sncf/en/，背包客更常用德鐵的英文訂位系統 🌐 reiseauskunft.bahn.de，德鐵親和的訂位介面一用就上手，直接輸入起迄點、日期及出發時間，即可看到詳細的火車時刻。

■ **櫃檯詢問(i/Accueil)**：人已在當地火車站，可到i櫃檯請服務人員幫忙，可將日期、時間及出發點、目的地先寫在紙條上再交給他們，即可拿到時刻資訊。大型火車站，服務分工細，諮詢與購票窗口是分開的，而小型車站的窗口就什麼都包了。

■ **自動售票機(Billetterie)**：火車站大廳的自動售

票機(黃色機買長程火車、TGV；藍色機只能買TER)，可買票和查詢時刻，操作不難，多試幾次就熟能生巧，但不要耽誤後面排隊的人。

▲ 紙本時刻表每年更新兩次 且使用法文　　▲ 自動售票機的觸控螢幕是 多語介面

貼心 小提醒

1. 出國前先「訂位」

「火車通行證」等同火車票，但下列車種強制訂位才能上車：TGV、Téoz、Lunéa夜臥舖，建議出國前訂好，因分配給「火車通行證」的TGV座位有限額，若到當地才訂，有可能會沒位子，不僅行程受影響，預定使用的火車通行證格形同浪費。訂位方式請參考P.68。

▲ 搭乘TGV務必訂位

2. 上車備妥法國火車通行證＋訂位票

每次上車前即填上乘車日期及月份，當查票員查票時，需同時附上法國火車通行證＋訂位票(TGV、Téoz、Lunéa)，前往餐車最好帶著備查。

▶ 查票時需同時附上 通行證＋訂位票

德鐵網路系統查詢時刻步驟 Step by Step

德國鐵路系統(DB Reiseauskunft，http reiseauskunft.bahn.de)的網頁，是搭火車旅行歐洲查詢時刻的好幫手(一般公認比法國國鐵好用)，以下介紹使用方式。

Step 1 切換語言並輸入資料

在主畫面右上角切換語言成英語(選UK／Ireland或USA皆可)，輸入起迄地點、日期及時間(又分出發時間或抵達時間)，下方還有一些設定(Prefer fast connections快捷班次、Duration of transfer轉車間隔時間、Travellers旅客人數、1st Class頭等艙、2nd Class普通艙等)，請視情況選擇所需條件，再按下Search搜尋。

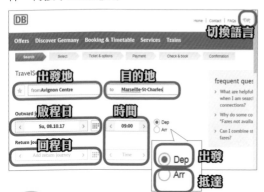

Step 2 查看相關班次

表格上方會顯示班次資訊，選擇適合的班次後，再點入Show details查看詳細資料。

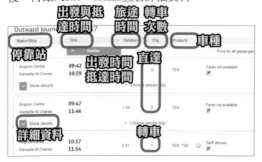

Step 3 查看班次詳細資料

顯示起訖站(點入下方Show intermediate stops可看到各停靠站)、各站發車時間、車次號碼、注意事項等資訊。選擇Map View查看路線圖。

Step 4 查看路線圖

分為Starting station起程站週邊地圖、Journey route行車路線圖、Destination station到達站週邊地圖，可縮放利用。

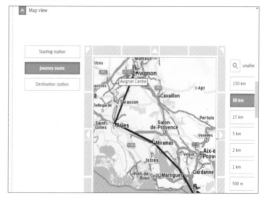

自動售票機查詢長程火車時刻與票價步驟 Step by Step

Step 1 選擇語言，點入購票

Step 4 選擇單程或來回票

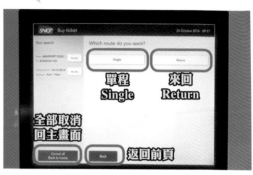

Step 2 選擇從本車站立即出發（或稍後出發）

Step 5 選擇人數

Step 3 選擇目的地

Step 6 查看班次與票價

如何訂位、購票

憑法國火車通行證(Eurail France Pass)訂TGV，因座位有限額，客滿即無法訂位，所以不論在台灣或法國訂位時，電腦將依釋放的數量來決定需補差額，以下為各訂票方式補差額的差異說明：

1.委託旅行社代訂：補差額9～18€，若9€位子滿了，只能往上訂12€或18€，並再加代訂費每段6€(全台公訂價)。

2.網路自訂：補差額10～20€。

3.當地車站補差額：補差額9€、12€或18€，訂位費每張票再加收3€或5€。除非是臨時加入的行程，否則不建議到當地才訂TGV。

■旅行社代訂：出國前委託旅行社代訂，票面文字為英文，手續費6€不會顯示在票面上。以下範例為點對點火車票，使用時需在側邊打票。

■當地車站窗口購買：「Espace de Vente」、「Boutique」或「Billets」就是售票處，小型火車站直接排隊購票，亞維儂、亞爾、馬賽、尼斯等車站是抽號碼牌。

購票小紙條範例

透過窗口訂位購票，請將日期、出發地、目的地、艙等、人數、單程或來回票，事先寫在紙上再拿給櫃檯人員會更省時。例如：

2張成人票	從亞維儂到尼斯	來回票	2等艙
2 adults	de Avignon à Nice	aller retour	second class
10月12日	下午3點出發		
12 Oct.	15:00 Dep		

看懂旅行社代訂的火車票

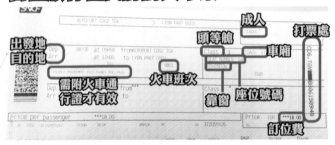

▲排隊購票的旅客

▲當地購買的火車票通常會被放入設計感十足的票套內

看懂當地火車站購買的火車票

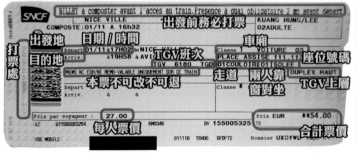

▲當地購票使用文字為法文，本範例為TGV訂位車票，為當日出發的促銷票，不可更改不可退票。上車前要將車票側邊放入黃色打票機打票。

▲此為自動售票機購買的火車票

交通篇

TER售票機購票步驟 Step by Step

Step 1 認識操作介面

此步驟以普羅旺斯地區的TER售票機為例。

刷卡 投幣

外圈左右旋轉
做選擇，確認
按內圈

Step 2 選擇上方一般票價(藍框)

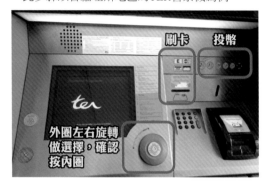

一般票價

Step 3 選擇出發地、目的地及艙等

操作順序由左而右，依序選擇出發地、目的地、票種、艙等、單程或來回。

出發地

目的地

普通票價

艙等
頭等艙
二等艙

去程
回程
來回

Step 4 選擇日期

當日使用不可退不可換

其他日期

Step 5 確認訂票內容

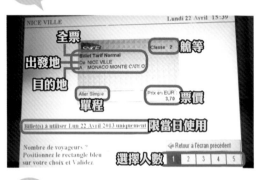

全票

出發地

目的地

艙等

單程

票價

限當日使用

選擇人數 1 2 3 4 5

Step 6 確認付款(刷卡或投幣)

投幣 刷卡

車票樣式

貼心 小提醒

再次確認票券

拿到車票或訂位票，務必再確認，若有錯誤要當場更正，尤其是目的地的全名，在法國有許多小鎮名稱看起來很類似，但卻相差好幾百公里。

找對火車站

SNCF是法國國鐵的簡稱，GARE是火車站的意思，每個火車站外觀皆清楚標示。

▲ 公路上的指標：Gare S.N.C.F

■ **火車站功能不同**：舉例來說，亞維儂火車站有兩個，一是市區火車站(Avignon Centre)，主要行駛Intercités、TER與少數TGV；二是TGV火車站(Avignon TGV)，只停靠TGV，及行駛於二座火車站之間的TER，若搞錯了將疲於奔波甚至錯過班車。

▲ 亞爾火車站標示：Gare d'arles與SNCF

▲ 亞維儂TGV火車站標示：　▲ 月台都有站名標示，圖為
SNCF與Gare d'avignon TGV　隆河省的卡西車站

■ **火車站名稱雷同**：大城鎮常有好幾個火車站，站名乍看之下很像，以尼斯為例：搭TGV前來是在「Nice Ville」下車，但前一站「Nice-St-Augustin」和後一站「Nice-Riquier」都是小站，搭一般火車前來就會停，沒注意就會下錯站而耽誤時間。另一種情況是：站名雷同，但火車站卻相距數百公里，像是位在尼斯隔壁的濱海自由城(Villefranche-sur-Mer)，與位在羅亞爾河谷大區的雪河畔自由城(Villefranche-sur-Cher)，兩者相差871公里，所以在查詢時刻表、訂位，以及開車導航定位前務必再確認。

▲ 下車前再看一次月台站名，確認是自己要到的地方

▲ 有時站名差一字，距離差千里，圖為濱海自由城車站月台

找對月台及車廂 Step by Step

要找到正確月台,必須對照電子看板,再依指標前往。不對號火車只需確認月台即可上車,但
TGV、Téoz等對號火車,需找到車廂所在位置,才能避免上錯來回奔波。

Step 1 查看火車資訊

高掛大廳的出發時刻表(Train au Départ),由左到右列班次、時間、主要停靠站及月台,找到搭乘班次停靠的月台再前往入口。

Step 2 至月台入口打票

月台入口的「黃色打票機」提供旅客打車票或訂位票(TGV、Téoz、Lunéa),若沒主動在打票機喀嚓一下,視同逃票加倍罰錢。

請注意:「火車通行證」不需打票。近來加強安檢緣由,馬賽火車站(Marseille St-Charles)及尼斯火車站(Nice Ville)月台入口,偶有穿背心制服的人員看票才放人。

Step 3 找月台

S月台往前走120公尺

Voie就是月台,遵循指標即可找到。

Step 4 找對車廂

長程TGV若掛20節車廂,通常是由兩部子彈列車連結起來,中間並不相通,因此務必先對照車廂配置(Composition des trains),首先找到「目前所在位置」(Vous Etez Ici)的紅色圓點,對照訂位票上面的的車廂號碼(圖片範例為第6車廂),即可得知第6車廂在「X區」,車箱法文是Voiture。

第4月台 Vole 4

Composition des trains 所在位置

發車時間　第6車廂X區

Step 5 前往車廂所在區

月台前後必定有立牌指標,即可找到自己的車廂所在。圖片範例為2B月台W區(Voie 2B,Repère W)。搭乘TGV或Téoz,為了避免上錯車廂來回奔波,建議提前20～30分鐘到車站。

2B月台
W區

Step 6 上車前最後確認

上車前再瞄一眼月台告示牌與車廂上的告示，確認車廂、艙等、班次、終點站、時間等。

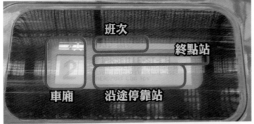

▲ 車箱告示

▲ 確認月台告示

▲ 看清楚火車上的艙等號碼。右圖為夜行火車(Lunéa)頭等艙車箱外標示

▲ 搭上火車後，就可以輕鬆了

上火車放行李、找位子 Step by Step

Step 1 確認上層或下層

雙層TGV的座位標示在車門入口上方，抬頭即可看到，TGV訂位票上面也會顯示出上層或下層，避免走錯還要上下扛行李。

上層座位指標

61～126的座位在樓上

Step 2 放行李

上車後先給行李找位置！大多數TGV或Téoz車廂的前中後都有行李放置區，一般火車Intercités或TER車廂只有兩頭才有，真沒地方放只好往座位上方的架子擺，但須注意自己的手與下方乘客的安全。

▲ Intercités的行李區較不固定

▲ 善用椅背跟椅背下方的空間，20吋以下的行李箱適用

行家祕技 行李側身立放是王道

一時方便將行李平躺擺，後面上車的人就沒得放了，可將行李側身立著，也可預防四輪行李滑來滑去。

Step 3 找座位

分為有訂位和沒訂位兩種情況，像是一般火車Intercités或TER不需訂位即可上車，有空位即可就座，但當地人習慣把隨身行李放在空位，如不主動詢問位子就不會空出來；但是像TGV或Téoz就必須訂位並對號入座，請勿任意換位子，避免造成誤會。

各艙等的座位配置

艙等	車廂	包廂
頭等艙	3排座位	6人座位
二等艙	4排座位	8人座位
座號顯示處	椅背側上方 座位正上方	包廂門口 座位正上方

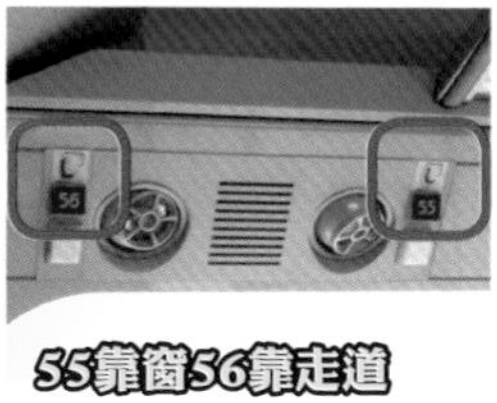

貼心小提醒

位子被別人坐走了怎麼辦？

確認他人坐錯了你的位子，可先拿出訂位票或訂位記錄，再客氣地跟對方溝通，通常很好解決，如遇到重覆劃位，只好等查票員來解決。

TGV頭等艙與二等艙

頭等艙(3排座位)與二等艙(4排座位)座位的舒適度不一樣，前者的走道相對寬敞，放行李的空間也多一些。

■TGV頭等艙

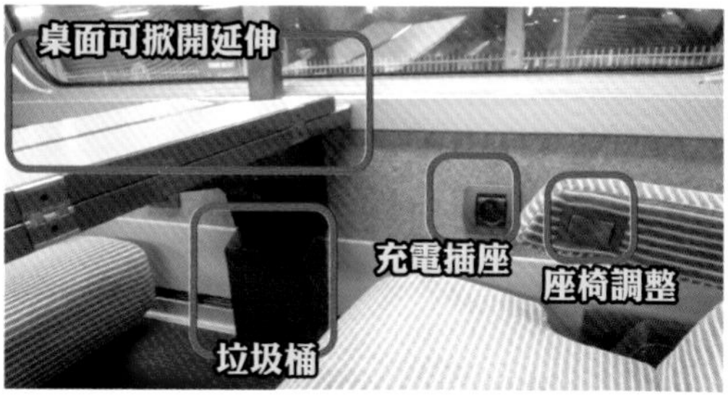

▲將桌面掀開可延伸使用，黑色的小垃圾桶在桌面下方，座背可小幅度前後調整，充電插座是220伏特(雙圓孔)

■TGV二等艙

▲靠窗下方的長方形箱子拉開是垃圾桶，椅背旁邊的圓形凹鈕按下去即亮燈

!? 搭火車注意事項

■勿任意更換車廂

許多長程線對號火車，通常會掛上好幾節不同目的地的車廂，將在某個車站分道揚鑣。

■禮貌

搭乘TGV請遵守輕聲細語標示，拍照請勿閃光，未經家長同意勿擅拍兒童，穆斯林婦女亦同。

■安全

貴重物品請隨身。

搭乘夜火車首重安全

搭乘夜行火車首重安全，不建議重睡眠者和單獨旅行的女性搭乘，非不得以建議最好4人同行。請注意：小手電筒、哨子隨時備用。半夜上洗手間，不要單獨一人。遇上持刀的搶匪，鎮定不要慌亂，花錢消災也是保命原則。

▲ 夜間火車站人潮少，站務人員也會比較少

法國夜行火車(Lunéa)區分為下列三種

車廂種類	斜椅車廂	簡易臥舖(Couchette)	臥舖(Wagon-Lit)
優點	車資便宜	可躺平，頭等艙四人一室(上下舖)，二等艙六人一室，附床單、被單、礦泉水等	頭等艙1～3人，二等艙4人
缺點	停靠站多旅客上上下下，影響睡眠品質	可能跟不認識男女共處一室，門可以從裡面鎖，沿途有上車的乘客進出	價格跟旅館差不多
訂位	需填一格「法國火車通行證」，不需訂位，不保證有位	需填一格「法國火車通行證」＋訂位補差額	需填一格「法國火車通行證」＋訂位補差額
安全措施	座位找靠近女性乘客、帶小朋友的家庭，或東方面孔，若感覺不對就隨時換位	女生把鞋子收到床底下，不透露性別以保護自己	記得鎖門

(製表／曾一純)

認識可能發生的火車突發狀況

■**火車罷工**：這是每年例行權利。罷工，就是訓練旅客的「小腿肌耐力」、「扛行李臂力」，如不諳法語，還得使出「異於常人應變力」，而鼓足勇氣拿出「搭訕力」，更是求生必備！

1. **罷工有3種**：100%罷工，整個火車站空無一人，一年一次千萬別遇上了！30%罷工，代表2/3的車班會行駛但會誤點。第三種介於前二者中間。

2. **關鍵的當日**：雖工會事先透過網路公告天下，但坦白說，所有細節都只能在當日才能問清楚講明白，工會談判是否破局，是罷工與否的關鍵，就算事先跑去火車站詢問，往往得到法國人最最標準的回答：雙手一攤，肩膀一聳！

▲ 國鐵罷工對行程造成影響，現場通常一片狼籍

3. **罷工實況**：當日班次大亂，車站大廳看板或月台標示都「僅供參考」，月台上更擠滿了人潮，每當列車進站，擴音器傳來又急又快的法語廣播，通常是告知乘客這班車是開往哪裡，可以準備「擠」上車，但也曾遇到班車進錯月台，要大家別上車！

交通篇

行家祕技 遇到罷工該怎麼辦

1. 出國前得知將遇上罷工，建議調整行程。
2. 罷工當日提前到火車站確認班次是否行駛，再做應變。
3. 若當日火車仍行駛，月台人潮擁擠，上車前絕對要確認列車方向以免搭錯車，車上對號座位大亂，走道都人滿為患，更別奢望準時到站。
4. 聽不懂法語更要眼觀八方，在月台候車，看到人群突然扛起行李往其它月台奔去，就考慮該不該跟人家跑？！跑對了，運也！跑錯了，命也！此時請鼓足勇氣拿出「搭訕力」，多問幾個人「這班火車是到XX嗎？」，若問到跟你同目的地，有如黑暗中曙光，請跟他培養革命情感，勇敢說出「我也是」，除了上洗手間，跟著他走準沒錯！罷工時查票員也神隱，通常沒人來驗票，因為他們鐵定被乘客的怒氣與口水淹沒。
5. 若影響當晚旅館入住，不論取消或延後check in請先知會旅館，並記下服務人員的名字。

▲ 罷工時月台人潮擁擠

▲ 車上對號座位大亂

■ **班次取消**：2015年10月3日一夜暴風雨，造成蔚藍海岸沿途城鎮，因山上大量沖刷下來的土石流，導致民宅、街道、地下道及鐵軌嚴重淹水、泥流淤積，坎城火車站水淹至車窗高度，那晚有4,000多人被困在十數個火車站內過夜。當天16:00筆者帶團員預訂從尼斯搭3小時TGV前往亞維儂，但當日所有班次都取消，車站

人員表示隔天火車也停駛，沒有任何巴士可接駁，恰巧尼斯計程車也陸續罷工，所以我決定無論如何都要儘快離開尼斯，終於等到計程車載我們到往亞維儂方向的臨時民宿，隔天再搭火車前往，行程雖延誤大半天，但至少沒被困在尼斯，而那次火車停駛直到5天後才恢復正

▲ 電視報導暴風雨災情　▲ 車站貼出淹水災情及訊息

▲ 售票機張貼請勿購票　▲ 可向穿著SNCF Assistance背心的工作人員諮詢

■ **上錯火車**：要有足夠的靈敏度才能發現自己上錯車，長、短程的應變方式也不同。

1. **短程TER**：停靠的站與站之間密集，及早發現及早應變，如搭回原站，或下一站可轉車到目的地。
2. **長程TGV，又完全反方向**：先找列車長幫忙查時刻，能否從下站接往目的地，或是乖乖坐回來。如行程很有彈性，飯店也允許更改，將錯就錯多玩一個景點，於隔日續接原定行程。

■ **路線維修**：火車站或行經路線難免遇上維修，通常法國國鐵會派出專車輸送旅客，也會有穿背心的工作人員引導，按照指示即可。

▲ 維修期間以國鐵巴士接駁旅客　▲ 適時找列車長求救

地區交通工具

火車到不了的地方，就靠地區性交通工具；圖為尼斯輕軌。

亞維儂公車

▲ 火車站門口的公車標示

　從亞維儂(Avignon)發車，由數家公車聯營，主要連結沃克呂茲省(Vaucluse)、隆河口省(Bouches-du-Rhône)的村鎮。

　亞維儂PEM公車總站，位在市區火車站右前方，從大門出來直走到紅綠燈路口，右轉步行3分鐘即可抵達。

亞維儂公車時刻查詢 Step by Step　http www.pacamobilite.fr

Step 1　選擇語言，輸入資料

　網首頁右上角選擇英國國旗切換。依序在欄位輸入Departure出發地、Arrival目的地及Date日期，按下Search搜尋。

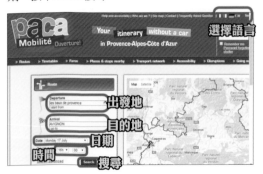

Step 2　出現查詢資料

　下方出現公車號碼、班次、出發及抵達時間。

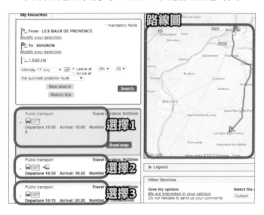

交通篇

亞維儂公車購票與搭乘步驟 Step by Step

Step 1 櫃檯買票

在營運時間內至公車總站內的櫃檯購票，可事先寫好購票小紙條交給服務人員。

Step 2 確認月台

至公車大廳查看電子看板，確認公車月台、發車時間等資訊。

發車時間 Heure	公車號碼 Ligne	目的地 Destination	月台 Quai
16:55	2	BEDARRIDES ORANGE	5
17:05	5	ALTHEN MONTEUX CARPENTRAS	14
17:10	B 22	BAGNOLS SUR CEZE PONT SAINT ESPRIT	10
17:15	15APT	MAUBEC BONNIEUX APT	14
17:15	57	SAINT REMY	3

Step 3 進月台

月台在車站外的停車場，在電子看板、柱子與地上都有標示月台號碼。

月台號碼 月台號碼

Step 4 上車打票(亦可購票)

將車票放入打票機喀擦一聲即可，有購票卻忘了打票視同逃票將重罰。

請注意：司機並非查票員。可上車購票，會找零，但請不要拿大鈔。

打票機

亞維儂公車資訊看這裡

■ 聯營公車公司：如Trans Vaucluse、Edgard、Cartreize等。
■ 從亞維儂搭公車，可到哪裡玩：可搭15號(Linge 15)或22號(Linge 22)到以市集聞名的阿普特(Apt)，或搭17號(Ligne 7)到哈密瓜的故鄉卡瓦雍(Cavaillon)。

請留意：於官網查詢時刻表，出發地要選Avignon PEM或Gare Routière PEM (AVIGNON)。

亞維儂PEM公車總站 (Gare Routière PEM Avignon)

✉ 5, Avenue Monclar, 84000 Avignon
☎ +33 4 90 82 07 35
🕐 週一～六06:00～20:30，週日及假日07:00～20:30，櫃檯：週一～六07:00～19:30，週日休

尼斯輕軌

2008年初才啟用的輕軌，給觀光客帶來極大的便利，可串聯市區主要景點，營運時間從清晨04:25至午夜00:50。

▲ 尼斯輕軌站的幽默標語「我不喜歡等」

本篇主要介紹1號線(T1)。

2號線(LIGNE OUEST-EST)是東西向的行進路線，全長11.3公里共20個站，預訂在2019年年底完工，其中連結機場與市區珍梅德森大道(Jean Médecin)路段將在2018年12月通車，屆時從機場到市區就更便利了。

▲ 2號線標誌

http tramway.nice.fr

■ 從火車站到市區：往Hôpital Pasteur方向
■ 從市區到火車站：往Henri Sappia方向
■ T1主要停靠站順序

Henri Sappia	—	Gare Thiers	—
Jean Médecin	—	Masséna	—
Opéra-Vieille Ville	—	Cathédrale-Vieille Ville
—	Vauban	—	Hôpital Pasteur

本站名稱　　終點站方向

自動售票機

路線圖

▲ 輕軌站功能齊全

常用車站介紹

■ 火車站(Gare Thiers)：背對尼斯火車站左轉，直走步行200公尺約3分鐘可達。

■ 珍梅德森大道(Jean Médecin)：沿途Shopping店家多不可數，預訂在2018年12月與2號線(T2)連結。

▲ 珍梅德森購物大道一景

■ 馬塞納廣場(Masséna)：由此直行到海邊(英人散步道)約7～10分鐘。

▲ 馬塞納站下車即可看到開闊的廣場

■ 歌劇院-老城(Opera-Vieille Ville)：下車後右手邊可鑽入老街，左邊則是長型公園散步道。

▲ 尼斯法院就位在老街裡

■ 大教堂-老城(Cathédrale-Vieille Ville)：火車站數來第4站，下車後走進右前方藥局的巷口約3分鐘，就是聖蕾巴哈特大教堂。

▲ 大教堂-老城站是進出老街最近的車站

■ 沃邦(Vauban)：火車站數來第8站，是尼斯公車總站的所在地。

▲ 沃邦站離老城較遠，周邊是現代化建築

班次

營運時間從清晨04:25至午夜00:50，平日經火車站的第一班是早上04:38，末班是凌晨00:32。07:30～20:10每4～5分一班；20:20～22:00每15分一班，之後遞減。

假日經過火車站的第一班是早上04:36，末班是凌晨00:31。08:30～20:30每8分一班；21:00～23:00每20分一班，之後遞減。

票種與票價

尼斯輕軌票券(與蔚藍海岸聯營公車共用)

種類	價格	公車上購買	限制
Solo 1 voyage (單程票)	1.5€	✓	74分鐘內可下車再上車(包含公車轉乘)，但不能同一線來回
Multi 10 voyages (10張單程票)	10€	✗	74分鐘內可下車再上車(包含公車轉乘)，但不能同一線來回
Pass 1 jour (1日券)	5€	✓	N/A
Pass 7 jours (7日券)	15€	✗	N/A
Aéro (機場單程票)	6€	✓	BUS 99與BUS 98，74分鐘內可下車再上車(包含公車轉乘)，但不能來回使用

(製表／曾一純)

▲ 單程票正面

▲ 上車打票，背面會有記錄

購票

每個輕軌站都有自動售票機，操作步驟如下頁。也可臨櫃購買，購票處在火車站對面(即尼斯Taxi招呼站正對面，見右圖)，和公車總站售票處。

▶ 尼斯輕軌與蔚藍海岸聯營公車的臨櫃購票處

自動售票機步驟 Step by Step

Step 1 轉動灰色圓盤做選擇

螢幕右下角有個灰色圓盤,左右轉動做選擇,按下綠色Validez即表示確認。

螢幕
投幣
取消
刷卡
灰色圓盤選擇,綠色鈕確認

Step 2 進入頁面後,選擇語言與票種

語言(英/義/西)
單程票
10張單程票
1日券
7日券
機場單程票

Step 3 選擇張數,確認金額投幣

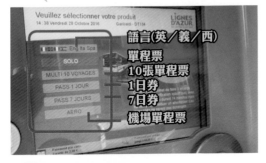

購票金額

張數選擇
(1~10張)

Step 4 售票機下方取票

■ 搭乘尼斯輕軌

首先查看月台告示,確認終點站方向。上車後自行打票。請注意:沒票上車,罰款51.5€;有票但沒打票,罰款34.5€。尖峰時段及假日、旺季人多擁擠,請留意自身物品,提防扒手。非身障人士,勿坐身障專用座位。

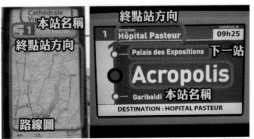

本站名稱
終點站方向
路線圖

終點站方向
1 Direction
Hôpital Pasteur DIMANCHE 4 09h25
Palais des Expositions 下一站
Acropolis
Garibaldi 本站名稱
DESTINATION : HOPITAL PASTEUR

▲ 確認終點站方向　▲ 輕軌車上螢幕標示:終點站方向與站名

蔚藍海岸聯營公車
Ligne d'azur

橘色車身的蔚藍海岸聯營公車,穿梭在尼斯市區與周邊城鎮,如濱海自由城(Villefranche-sur-Mer)、費哈角海岬(Cap Ferrat)、海邊艾日(Eze)、山上艾日(Eze Village)、蒙地卡羅(Monaco-Monte-Carlo)、檬頓(Menton)等等,擅用公車上山下海更便利。

本站站名 公車號碼
Masséna / Guitry

公車時刻表

NICE
本站站名
Arènes / Musée Matisse
15
17
19/24
N2
C
終點站方向
公車號碼

▲ 尼斯市區裡的馬塞納公車站亭　▲ 馬蒂斯美術館公車站牌

交通篇

公車站都會張貼公車時刻表，詳細列出週一～六(Lundi à Samedi)以及週末及假日(Dimanche et Fêtes)的時間。以下為BUS 82從尼斯出發往艾日村莊的時刻表。

▲ 法文時刻表，掌握關鍵字就知道該怎麼看

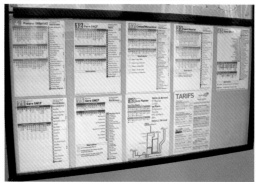
▲ 看板上同時顯示不同公車的時刻表

購票

自動售票機(每個輕軌站都有，見P.80)，也可於蔚藍海岸聯營公車Ligned d'azur(火車站斜對面)的櫃檯及公車總站售票處購票，或上車購票。

搭乘蔚藍海岸聯營公車

至公車站時，首先確認終點站方向是否正確，待公車抵達時，也要看清楚車頭上方的號碼與顯示字幕，確認後再上車。

上車時要遵守前門上、後門下的規則(後門僅供輪椅上車)，接著打票。到站前按鈴下車。

▲ 確認終點站方向

▲ 請遵守前門上、後門下的規則(後門僅供輪椅上車)

▲ 上下車自行打票　　▲ 下車鈴

計程車

計費方式分成跳表和議價兩種。

Taxi招呼站位置

各城鎮火車站大門口的正前方或左(右)前方,即可看到Taxi招呼站,除此之外,飯店或餐館皆可代客叫車。

▲ Taxi招呼站一定有標示(圖為亞爾火車站斜面的Taxi招呼站)

▲ 村落計程車量少,以電話叫車較為方便(圖為卡西市區Taxi招呼站)

▲ 通常會有計程車排班,或是有顯示叫車號碼(圖為亞維儂TGV火車站斜對面的Taxi招呼站)

貼心 小提醒

無靠行計程車的安全考量

透過手機Uber叫車或是站前叫客的野雞車,雖然車資省,但相對可能較沒保障。尤其女生單獨一人旅行,為了安全起見還是避免為佳。

價格

計費方式有兩種,一是跳表,各城鎮價格不一,例如:尼斯起跳約6.5€,依里程與時間跳錶,日間與夜間收費不同;二是議價,通常是在鄉間小村落或長途,價格、路線先溝通好可避免糾紛。

不論跳表或議價,若有大行李小費另計。4人共乘最划算,但因法國油價、工資都比台灣高,因此價格不能以台灣思維來計算,以尼斯機場為例,到市區飯店約20分鐘車程價格約30€。

⁉️ 搭乘計程車注意事項

■ 上車後

先講您好(Bonjour),再將寫著地址的小抄交給司機。

■ 下車時

若有大件行李,通常要等司機取出行李後才付款(要加小費)。

▲ 飯店或遊客中心通常都有計程車名片

乘車小紙條

請問到Ibis飯店需多少費用?

S'il vous plaît, combien ça coûte pour aller à hôtel Ibis ?

請載我到Ibis飯店。

Pourriez vous m'amener à hôtel Ibis.

交通篇

租車

選擇自駕,讓旅程安排更有彈性,也別忘了注意交通規則與安全。

租車選擇以4人座2人同行最舒適,6人座4人同行最划算。另外,建議每個人行李箱控制在26吋以下。

▲大行李尺寸須抓好,以免塞爆後行李廂

自駕潛規則

在法國開車與台灣一樣是左駕,但許多習慣不太相同,需多留意即可避免不必要的誤會與意外狀況。

1. 已進入圓環的車是老大,優先通行。

圓環

2. 紅燈是直立式(若沒紅綠燈要讓行人優先)。

3. 高速公路不占用內車道,僅供超車使用。

4. 進入市區要減速,並注意單行道多。

5. 停車時貴重物品不放車上。

6. 許多村落入口在某時段會升起路障。

路障

道路系統

行車在普羅旺斯,最常用的道路除了高速公路(A),還有鄉間的地區道路(D),標示清楚易懂。

道路種類

1. 高速公路Autoroute：A開頭，藍底白字，收費，
   限速130公里。

2. 國道Route Nationale：N開頭，紅底白字，限速90
   ～100公里。

3. 地區道路：D開頭，黃底黑字，限速60公里。

4. 歐洲國際公路Route Européenne：E開頭，綠底白
   字。

高速公路收費站 Step by Step

當地高速公路上的標示相當清楚，只要事先熟悉
常用標誌，多過幾次收費站，很快就能上手，不
用太緊張。

規則：上交流道在收費站取票卡
　　　下交流道繳回票卡並付費

Step 1 ### 收費站取票卡
(選擇綠色箭頭和t字符號的車道)

Step 2 ### 票卡放車內明顯位置

Step 3 ### 下交流道前
於機台插入票卡

Step 4 ### 依指示投現或刷卡

交通篇

■ 交通標誌

　　法國許多交通標誌跟台灣大不相同，以下介紹幾個常見的重要標誌。

注意強風(密斯特拉風)

高速公路休息站(Aire)

禁止通行(Route Barrée)
請改道(Déviation)

注意施工(Attention Travaux)

由此4000公尺內小心動物

出城遵循方向(Toutes Directions)

▲ 倒三角=停車！請禮讓行人。鎮名+紅色斜線=出城(代表駛出小鎮圖圖Tourtour)

▲ 當地常以圓環取代十字路口的紅綠燈，愈是鄉下圓環愈多

如何租還車

旅遊旺季務必要先透過租車網站完成預訂，才能確認接下來的行程與訂房。至於全險需在取車現場加購。

租車＋取車步驟 Step by Step

以亞維儂TGV火車站租車為例

 Step 1 選車、訂車

在台灣租車網站(www.rentalcars.com)選車訂車(自排車選擇少且稍貴)。

Step 2 在台灣換國際駕照

申辦國際駕照相關資訊，見行前準備篇P.27。

Step 3 當地櫃檯排隊報到

需攜帶國際駕照、台灣駕照、租車證明、護照。

Step 4 取車

指定停車場取車(含檢查車況＋可現場加保全險)。

⁉️ 自駕注意事項

1. 駕駛需要安排休息時間，以免過勞，發生危險。
2. 絕對禁止酒駕。
3. 副駕駛負責路況提醒，幫忙找停車位、問路等。
4. 若遇行車糾紛，即時與租車公司聯繫。
5. 租車除了人數，還需考量行李尺寸，並預留戰利品的空間。

還車步驟 Step by Step

訂車時即需選擇還車地點,各家連鎖租車公司設的點不一,小鎮多在火車站附近為主,大城市在市區或機場也有設站,可多加查詢再訂車。但需注意,若選擇在異地還車,費用會較高。以下以尼斯機場還車為例。

Step 1 遵循指標 Retour loueurs

Step 2 進到租車專用停車場

Step 3 停車檢查

停車檢查包含檢查車況和歸還車鑰匙。

導航設定

雖然剛開始可能會有點不習慣,但Google MAP最大的好處是有中文導航(開車是直覺反應,建議以自己熟悉的語言為佳)。至於每日行車路線可在出國前先設好,在當地未連線上網時也可使用。

▲ 善用手機Google MAP (中文導航)

加油站

當地加油站通常是自助式,雖有不同連鎖品牌,但使用方式大同小異,還不熟時可向後車求助,有的旁車看到外國旅客也會主動幫忙。

▲ 柴油(Diesel及Gazole)、95無鉛汽油(S/P 95)、及98無鉛汽油

▲ 某些加油站需先自助刷卡才能加油

▲ 加油站也有腳踏車打氣機

▲自助機台不收200€及500€
大鈔。10€以上才能刷卡

▲小加油站需到販賣店櫃檯
付現

如何停車

路邊停車步驟 Step by Step

路邊停車需預繳停車費，如1小時1€，預繳2€
即可停2小時。

Step 1

預繳停車費

停好車之後，先到路
邊設置的自動投幣繳費
機(Payant)預繳。

路邊停車標誌

繳費機

Step 2 收據備查

將收據放在擋風玻璃內
備查。

可停到15:50
預繳2€
繳費時間

停車場停車步驟 Step by Step

停車場的進出方式與台灣雷同，進場取票，離
開前付款，停車卡務必收好。

Step 1 停車場出入口，取票進場、停車

Step 2 離場前先至機台付費

在機台上選
擇語言，有英
國國旗的圖示
代表為英文介
面。

Step 3 付款與取卡出場

放入停車卡後，依顯
示金額付款(零錢或刷
卡)，再取卡出停車場。

專用停車格

在停車場或停車格旁邊，有時會看到標示「P」，
下面寫著RÉSERVÉ的牌子，這些是專用停車格，請
勿把車停入。例如RÉSERVÉ HÔTEL表示飯店停車專
用，RÉSERVÉ MAIRIE表示市府人員專用。

飯店停車專用

市府人員專用

常用法語 ABC

常見單字

中文	法文	中文	法文
火車站	La gare	注意	Attention
售票處	Billetterie	禁止	Interdit
價格	Le tarif 、Le prix	時刻	Horaires
客滿	Complet	取消	Supprime
查票員	Le contrôleur	公車總站	La Gare Routière
今日出發	Dépar ce jour	公車	Le bus
方向	La direction	窗口	Le quichet
月台	Le quai	公車路線	La ligne
車廂	Voiture	公車站牌	L' arrêt
艙等	Classe	加油站	La station d'essence
走道	Couloir	高速公路	L'autoroute
兩人靠窗對坐	Isolée	付費的	Payant
右轉	À droite	計程車	La taxi
左轉	À gauche	司機	La chauffeur
直走	Tout droite	剎車	Le frein
三角警示牌	Tomber en panne		

實用會話

中文	法文
火車站在哪裡？	Où est la gare?
電梯在哪裡？	Où est l'ascenseur?
不好意思，請告訴我…怎麼走？	Excusez moi, vous pouvez m'indiquer .... ?
我要一張去艾日的單程票。	Je voudrais un aller simple pour Eze.
不好意思，這是我的位子。	Excusez moi, c'est ma place.
這位子是空的嗎？	La place est-elle libre ?
請問寄物處在哪裡？	Où est la consigne, s'il vous plaît?
我錯過火車了。	J'ai raté mon train.
我想租一台車。	Je voudrais louer une voiture.
我們的車拋錨了。	On est tombé en panne.
這班火車從哪個月台出發？	Ce train part de quel quai ?

住宿篇
Accommodations

在普羅旺斯旅行，有哪些住宿選擇？

除星級飯店、多樣化的連鎖品牌選擇，鄉間常見的還有法國度假屋、
民宿及包吃包住的 Logis De France。該如何區別個中差異？
自己訂房又該注意哪些細節？本篇一次告訴你。

住宿指南

訂房前，先看看有哪些住宿種類和訂房方式吧！

訂 房是一項大學問，入行越久越是這樣覺得。訂房前，首先確認最在意的是什麼？靠近火車站或市區？希望房間舒適或具有風格特色？預算多少？事先想好、鎖定目標，才能快速找到符合需求的住宿。

住宿種類

住宿選擇很多，熟知的飯店與民宿之下，又細分不同類型各有特色：星級飯店、公寓式飯店和設計酒店大多位於市區或市郊，適合火車之旅者；法國度假屋、民宿和包吃包住分布於鄉村或山區、海邊等風景區內，適合自駕旅行者；Airbnb所在地域廣泛，不受限於交通工具。

▲ 飯店視野也是加分

星級飯店

法國飯店為了避稅自動降級，分為1～4星飯店，4星以上會再加上「Luxury」，所以沒有所謂的5星飯店。房間與早餐分開計價，常見連鎖飯店大都為3星。

▲ 星級標章

公寓式飯店

標榜有家的感覺，常附簡易小廚房，房間與早餐分開計價。

設計酒店

常見於3～4星飯店，不走連鎖路線，標榜只此一家。

▲ 設計酒店有時也會附帶簡易廚房

住宿篇

法國度假屋(Gîtes de France)

出租天數通常以「週」為單位，獨立的房舍包含客廳、餐廳、廚房、衛浴以及一間以上的房間，三餐可自行開伙。

▲ 度假屋通常位在鄉間

民宿(Chamber d'hôtes)

Chamber d'hôtes意同英文的B&B，建議來普羅旺斯玩時可以住一晚，通常與主人同一屋簷下並含早餐。許多農莊也會加入Chamber d'hôtes的組織，後面介紹的聖維克多農舍(Maison d'hôtes Bastide St Victor)就是這類型。

▲ 喜歡與屋主互動的人，可以選擇Chamber d'hôtes民宿

包吃包住(Logis De France)

可住一晚，這類旅館除了住宿，並提供餐飲服務，特別是當地料理，餐的部份可以選擇Demi Pension(包兩餐)或Pension(包三餐)，並依住宿等級分為1～3顆壁爐，餐飲等級也以鍋子數量分級。

▲ 這家Logis黃底黑字的招牌上，有兩顆壁爐、兩個鍋子

Airbnb

近年崛起以口碑為主的民宿，可能跟屋主同住或分住，價格落差極大，並無連鎖規範，由於沒有規範，較無法掌控住房與服務品質，但也可能找到具有特色的住宿。

▲ 住房衛浴展現屋主巧思

行家祕技 ## 以平均房價訂房

以住宿7晚為例，每晚平均預算120€，總計有840€可運用，只要房價在50～200€之間都可彈性搭配，如此一來便能在一趟旅行中，同時體驗平價～中高價的住房經驗。

▲ 嘗試不同等級飯店也是旅遊樂趣
(圖為亞維儂Grand Hotel)

看懂法文地址

39, Rue De La Place,			
門牌號碼	街道名(廣場街)		
Rue街道	De介系詞	La陰性定冠詞	Place廣場

84160　Cucuron,
郵遞區號　地名(屈屈龍)

FRANCE
國名(法國)

網路訂房

網路上不同的訂房系統各有賣點，選擇慣用的訂房網，操作起來省時又有安全感，適合注重效率多於省錢的族群。

此外，在訂房之前，可以先看看飯店比價網站。比價網站的最大優勢是同飯店會顯示出不同價格，可以挑選自己最滿意的並找到所謂最低房價，但連結出去可能是你所不熟悉的訂房網，使用介面與流程需要再研究。

行家祕技　參考網路評比

▲ 浴室也是評比重點

以Booking.com為例，地點、房間清潔度、及特色占較多的評分比重，但各人需求不同加上主觀感受，所以評分不一定相同。

個人經驗發現再貴再好的飯店(民宿)，總有零星的低評分(3.0～5.0)，有可能是住客的需求沒有被滿足，或是剛好住到一間不OK的房間；而新裝潢加上用心經營的住宿，通常評分會居高不下；至於CP值是見人見智，因為每個人注重的標準真的不太一樣。以下僅供參考：

評分	狀態
7.0～8.0	「好」，是否會出現意外要碰運氣
8.0～8.5	「非常好」，通常不會出狀況
8.5～9.0	「很棒」，偶而還是會出現負面評價
9.0～9.5	「棒極了」，通常極具特色，或住房品質高
9.5～10.0	「傑出」，常滿房或房價可能偏高

(製表／曾一純)

飯店訂房看這裡

訂房網站

Booking.com
http www.booking.com

Agoda
http www.agoda.com

比價網站

TripAdvisor
http www.tripadvisor.com.tw

Trivago
http www.trivago.com.tw

網路訂房步驟 Step by Step

Step 1 進入訂房網站首頁

進入網站，選擇貨幣與語言，輸入目的地住宿或地址、入住與退房日期、客房及人數，再按搜尋。

Step 2 選擇飯店

網站會列出飯店清單，提供資訊包括位置地圖、價格、明細與評比等。點選符合需求的飯店。

Step 3 從點選的飯店中，選擇客房

Step 4 確認訂房，輸入個資

 Step 5 確認明細

核對金額，輸入信用卡資料以保障訂房資格。

Step 6 列印訂房確認單

列印訂房確認單，另外再用電腦螢幕或手機截圖備份。

 # 網路訂房注意事項

■圖片僅供參考

利用修圖軟體補光與修片很容易，不要輕信，避免與現實落差太大，但偶爾也有幸運驚喜，現場實景比圖片更優、視野佳，服務員親切有禮等等。

【對應之道】參考網路評比。

■最低價的迷思

相同飯店的價差，從5～30€都有？因不同訂房系統各有其賣點，微薄利潤就隱藏在是否含早餐、城市稅、退不退款、早鳥價、面山面湖面海、房型、新舊房間、床型，甚至是有問題的房間！其中最常見有：1.不退款：優惠房價的代價就是一旦完成訂房程續，無論任何理由即使沒入住，就是不能退款。2.不含早餐：法國2～3星飯店早餐，每人約8～18€。3.城市稅：每人每晚約1.5€。4.加值稅：通常在查詢房價的頁面不易被看到，待完成訂房時才發現總價就不一樣了！

【對應之道】不選最低房價相對安全有保障。每年6～10月是颱風季，出國班機難免受影響，建議住宿第1晚避開不能退款的旅舍，以免損失更大。

■訂完後再三確認

收到「訂房代號與回覆」，依個人經驗98%通常沒問題，但人都會出錯，何況是電腦，拿著訂房單Check in，櫃檯人員卻跟你說「抱歉，我們沒有這筆記錄」，這樣的狀況還是發生過。

【對應之道】完成訂房或出發前，寫封E-mail跟旅館確認，個人覺得是最好的方式。

訂房方式優缺點分析

隨著網路的便利，上了官網即可自行訂房，既是樂趣也是學習，但如果沒有時間處理可透過旅行社代訂。

右表提供網路自訂和旅行社代訂的優缺點分析。

方式	優點	缺點
網路自訂	1.貨比三家不吃虧 2.選擇最合己意 3.累積經驗 4.更改取消自己來	1.花時間、花眼力 2.自身經驗不足踩到地雷 3.自行列印訂房單和地圖 4.自行承擔一切風險
旅行社代訂	1.表明需求、指定或預算 2.不用傷腦筋 3.現成的訂房單和地圖 4.分擔風險訂房較有保障	1.額外訂房服務費 2.不合己意 3.服務人員經驗不足踩到地雷 4.無法累積自訂經驗

(製表／曾一純)

連鎖品牌

普羅旺斯的連鎖飯店大多位於火車站附近或老城區。

所謂一分錢一分貨，連鎖飯店同品牌同規格，較不易踩到地雷，走到哪個城鎮都大同小異，所以不論是商務出差或自助旅行都適宜，也很適合會認床的旅人。

連鎖飯店比一比

以下8個品牌是普羅旺斯常見連鎖飯店，主要位於火車站附近或老城區，但大城鎮如尼斯、亞維儂等，相同連鎖飯店有好幾家分店，因此確認飯店的名稱與位置就很重要，以亞維儂Ibis為例：Ibis Avignon Centre Gare位於火車站往東步行2分鐘，Ibis Avignon Centre Pont de l'Europe位於火車站往西步行7分鐘。

■Ibis：不斷求變是Ibis在市場受歡迎的主因，尤其早餐的擺設更具質感，近年更加入現烤的瑪德蓮糕與鬆餅，讓早餐更有溫度。

▲ Ibis熱騰騰的瑪德蓮糕與鬆餅，為早餐畫下完美句點

▲ Ibis大廳

飯店	星級	房間舒適度	電熱水壺	早餐	水煮蛋	停車場	房間免費wifi	空調	電梯	吹風機
Ibis	2	★★		★★★		收費	●	●	●	●
Ibis Style	2	★★★		★		約26€/天	●	●	●	●
Kyriad	3	★~★★★	●	★★	●	收費	●	●	●	●
Best Western	3	★~★★★	●	★★~★★★	●	約14€/天	●	●	●	●
Mercure	3	★★★	●	★★★	●	約24€/天	●	●	●	●
Novotel	3	★★★	●	★★★	●	1€/小時	●	●	●	●
Campanile	2	★★		★		無	●	●	●	●
Adagio	2	★~★★★	有些附簡易廚房	★		不一定	●	●	●	●

1. 法國飯店不會附牙膏牙刷，以上飯店皆有大浴巾、三合一沐浴乳洗髮乳
2. 以上星級評分為作者經驗

(製表／曾一純)

■**Ibis Style**：許多Ibis Style是將併購的飯店重新整理再出發，其優勢在於房間設施較新穎、更具設計感，空間有稍稍多了一坪，但早餐比Ibis差了些。

▲ Ibis Style 房間設計年輕化

■**Kyriad**：房間在幾年前陸續翻新，但現在看來也舊了點。

■**Best Western**：某些加盟店的房間、浴室已顯老舊，但就早餐而

▲ Best Western早餐的熱食

言，煎培根與炒蛋仍是美式連鎖的特色。

■**Mercure**：住房品質向來很穩定，早餐也是豐盛，近年更加入有機(BIO)的牛奶、果汁、奶油等，讓人感受到飯店的用心。

■**Novotel**：通常房間床型以一大床＋一沙發床為主(訂房時需確認)，以空間來說算是連鎖飯店裡較寬敞的。

■**Campanile**：近年的新裝潢走綠色簡易風，小而美、價格也平易近人，吸引年輕族群背包客。

▲ 同樣是Novotel，市區價格比郊區稍高

■**Adagio**：公寓式飯店最適合家庭4人小組，部分附有簡易廚房，可開伙、附餐具與冰箱，若無簡易廚房，大廳則有零食、飲料自動販賣機；附簡便早餐。

▲ Adagio的平價早餐與用餐區

貼心 小提醒

認識現磨咖啡機

認識早餐茶包種類

大吉嶺紅茶 Thé noir Darjeeling
香草紅茶 Thé noir à la Vanille
英式早餐茶 Thé noir English Breakfast
菩提薄荷茶 Tilleul Menthe
馬鞭草茶 Verveine
印度香料茶 Thé noir aux Epices

用餐小撇步

以刀背輕敲水煮蛋破殼
隔著餐巾切麵包
白優格加上砂糖是當地吃法
電熱水壺在冬天很實用

特色民宿推薦

難得來趟普羅旺斯，不妨來住住看農舍和莊園吧！

有別於一般的民宿，本文所介紹的特色民宿，最吸引人之處在於寬廣的室外空間，讓住客的活動範圍延伸到戶外與大自然對話，走出房門即可在葡萄園迎接日出與夕陽，或是斜躺在被橄欖樹包圍的泳池，或漫步鄉間小徑不必擔心迷路，甚至是親身體驗法式滾球。

聖維克多農舍
Maison d'hôtes Bastide St Victor
被葡萄園包圍的小農舍

肯定是職業病使然，很好奇什麼性格的人會想來經營農舍？是否農莊主人的體型相對是健壯的？因為在這裡，除了房務還要兼顧葡萄園與橄欖園的粗活！Sandrine與丈夫Philippe都是土生土長畢維和(Puyvert)當地人，擁有15公畝農地，主要種植葡萄與橄欖等果樹，基於分享生活的心願，多年前實現了經營農舍民宿的夢想。

樸實的農舍坐落在呂貝宏地區(Luberon)，開車前來由遠而近就是一幅畫，5個房間及客廳呈現普羅旺斯自然風情，讓人有如在家一樣放鬆，來到這裡可以拋下行程，池畔與庭院都是發呆的好所在。女主人英文不錯，有問必答，男主人早餐時會主動幫你切火腿、煮咖啡，順道話家常。

如果喜歡他們早餐自製的果醬，或想品嘗聆聽了整個夏日蟬鳴的葡萄酒，還有限量橄欖油，這些自家農產品就在餐廳的明顯角落。

✉ Chemin de la Carraire, campagne st Victor, 84360 Puyvert

📞 +33 4 90 68 21 39

💲 80€起(含早餐)

⁉️ 免費停車場、游泳池、公用冰箱、WiFi、電熱水壺

http www.bastidestvictor.fr

▲ 聖維克多農舍面對廣闊山間景致的無價窗景

▲ 迎接熱情朝陽

▲ 自製果醬

▲ 自家核桃

▲ 聖維克多玫瑰紅葡萄酒

拉庫德桑斯莊園
La Cour des Sens
網路評比高達9.7的時尚農舍

拉尼耶(Lagnes)，一個名不見經傳的小村，女主人很有自信告訴我，這裡正好是普羅旺斯中心點，開車到哪都很方便，西往亞維儂約50分鐘車程，離碧泉村(Fontaine-de-Vaucluse)僅5公里，東到胡希庸(Roussillon)只要20公里。

在巴黎旅行社工作多年之後，Florence和Jacques選擇在最愛的南法鄉間落腳，將都會生活經驗融入民宿經營，兼顧鄉居與精緻品味。

整理有序的時尚農舍低調卻有格調，細節展現在房間陳設與家具，整體風格是具質感的現代情調，浴室的磁磚與盥洗用品不落俗套，早餐的蜂蜜、果醬與乳酪等，精選農家品牌，處處都能感受到主人用心經營的決心。

✉ Route De Fontaine De Vaucluse - D24, 84800 Lagnes
☎ +33 4 90 24 50 45
$ 220€起
⁉ 免費停車場、圖書室、健身中心、加溫泳池、WiFi、土耳其浴(付費)
http lacourdessens.com

▲ 3棟樓連結起來的中庭

▲ 一盞燈照亮洗白的石牆與角落

▲ 早餐菜色

小路徑度假別墅
Lou Mari Camin
用心打造的普羅旺斯傳統農舍

由18世紀農舍改建而成的度假別墅，位在安布斯(Ampus)650公尺高的丘陵，白天視野遼闊綠意盎然，夜間毫無光害滿天星斗，占地廣大除了許多草地、果樹，並提供12洞迷你高球，也能進行普羅旺斯傳統滾球。

Monique和Jean Claude夫妻在千禧年起陸續將3棟農舍改建，喜歡敲敲打打的男主人，逐一打造每個客廳、房間、衣櫥、房門等，從每間客房都是獨一無二的裝飾風格，就可以感受到他的細膩之處，同時也有顧及小朋友需求的兒童房，就連廚房、浴室的擺設也各異其趣，非常適合想要體驗定點旅遊的家庭。

✉ S/N Campagne Aby, 83111 Ampus
☎ +33 4 94 70 98 69
⁉ 免費停車場、廚房、冰箱、游泳池、室外水療池、WiFi
http www.domaine-lou-maricamin.fr

▲ 小路徑度假別墅視野開闊。圖中泳池由淺而深

▲ 走傳統風格的廚房

▲ 溫馨舒適的房間

田野中的農莊
Le domaine de la Grange
極具隱私且占地遼闊的農莊

葡萄牙後裔的男主人Manu，在巴黎退休後選擇在普羅旺斯山落腳，投身於160公頃的農莊，原為種桑葉養蠶的農舍經改建而成民宿，用心整修與規畫，讓300年的農舍持續散發著活力。

在這座山與海之間的廣闊領地，除了橄欖樹、薰衣草田、柏樹、菜園、私人小湖，最特別莫過於帶著沙灘的戶外泳池，有如耀眼的藍寶石，喜歡慢跑的人可盡情奔馳在園內小徑，不必與車爭道，而露天咖啡座更是發呆看書好所在！

1間Villa與4間公寓各有特色，並附有廚房冰箱等設備，適合2～6人的家庭或好友同行，以週為出租單位，平均日價格相當划算，光是園內18洞迷你高爾夫、乒乓球、保齡球、羽毛球、健身房等設施，還可選擇騎馬或釣魚，在這標高650公尺的民宿總有樂趣等著旅人來體驗。

✉ Domaine de la Grange, 83111 Ampus
☎ +33 6 08 34 40 37
⁉ 免費停車場、圖書室、健身中心、泳池、WiFi
http www.domainedelagrange.com

▲ 有如來到私人招待所

▲ 偌大泳池

▲ 遺世山居的意境

▲ 外牆與實景對照

▲ 氣闊的客廳

常用法語 ABC

常見單字

中文	法文	中文	法文
雙人大床	Double	雨傘	Le parapluie
雙人2床	Deux lits	羽毛被	La couette
加床	Ajouter un lit supplémentaire	轉接頭	L'adaptateur
帶浴缸的房間	La chambre avec bain	暖氣	La chauffage
附淋浴的房間	La chambre avec douche	押金	La caution
服務台	La reception	游泳池	La piscine
非吸菸	Non fumeur	三溫暖	La sauna
電梯	L'ascenseur	市中心	Le centre ville
鑰匙	Le clef	早餐	Le petit déjeuner
肥皂	Le savon	午餐	Le déjeuner
床單	Le drap	晚餐	Le dînner
枕頭	L'oreiller	外送	Le livraison
毛毯	La couverture	零錢	La monnaie
毛巾	La serviette	收據	Le reçu

實用會話

中文	法文
請問還有空房嗎？	Vous reste-t-il des chambres libres ?
一晚要多少錢？	Combien coûte une nuit ?
有電梯嗎？	Y a-t-il un ascenseur?
飯店附近有超市嗎？	Y a-t-il un supermarché proche de l'hôtel?
可以多給我一條浴巾嗎？	Pouvez vous me donner une serviette de bain supplémentaire ?
房間空調壞了。	Le climatiseur de la chambre est en panne.
沒有熱水。	Il n'y a pas d'eau chaude.
我想換房間。	Je voudrais changer de chambre.
我的鑰匙遺失了。	J'ai perdu la clé.
明天早上7點可以叫醒我嗎？	Pourriez-vous me réveiller à 7 heures demain matin?
請幫我叫一台計程車	Pourriez-vous m'appeler un taxi.
能給我一張地圖嗎？	Est-ce que je peux avoir un plan?

飲食篇
Gourmet

在普羅旺斯大啖美食

包山包海的普羅旺斯各有其代表性食物，試了，才知其風味，

合不合個人口味就在其次了；旅行，就是要跳脫一成不變的生活模式。

特色食材

乳酪Fromage

與法國其他地區相較之下，普羅旺斯偏愛以大量蔬果入菜，橄欖油更是不可少，此乃歸功於得天獨厚的地理位置與氣候，豐饒的土地孕育著無數農產，除了常見的橄欖樹、葡萄園、松露園，還有核桃、杏仁、無花果、萊姆、哈蜜瓜、櫻桃、番茄、洋蔥、茄子、馬鈴薯、芝麻葉等蔬果生菜；而眾多香料如百里香(Thym)、迷迭香(Romarin)、蘿勒(Basilic)、奧勒崗(Oregon)、蒜頭(Ail)等，更與當地的肉品，交織成令人回味無窮的佳肴。

提到海鮮，淡菜是最平民的美食代表，至於生蠔、田螺、甜蝦、螃蟹等組合而成的海鮮拼盤，適合與眾好友搭配白酒舉杯共享！自古以來打獵仍是農村生活的一環，每到秋季各種山珍陸續上菜，最常見的莫過於野豬肉，這不正是人與大自然的平衡之道。而市集裡總有農家獨門配方的乳酪等著行家上門，不論上館子、自家用餐或是野餐，美好的一餐絕對少不了以乳酪畫下句點。

 ## 常見果樹

普羅旺斯鄉間常見橄欖樹與無花果，溫桲是類似蘋果和梨子合體，要煮過才可食用，在當地大多做成果醬食用；至於小橘子則常見於市區。

 ## 常見蔬果

下列有些蔬菜對我們來說稍為陌生，卻常見於普羅旺斯當地市集或超市，更是居民平日餐桌上常見菜色。

橄欖樹Olivier　温桲Coing
無花果Figue　小橘子Clémentine

▲ 各種新鮮香草都是食材要角

▲ 櫛瓜花常出現在地中海國家餐桌

▲ 百搭的普羅旺斯香料

朝鮮劍Artichauts

茴香頭Fenouil

白蘆筍L'asperge Blanche

苦苣Endive

櫻桃小蘿蔔Radis Cerise

大蒜L'ail

黃色的櫛瓜花
Fleurs de Courgette

哈蜜瓜Melon

杏桃Abricot

無花果Figue

櫻桃Cerise

漿果類Baies

核桃Noix

杏仁Amande

西洋梨Poire

與美食相遇

美妙的食物不僅能帶給身體能量，還能撫慰人心，尤其在旅行時這種感覺會更明顯。普羅旺斯料理特別注重取材於大自然，透過食物傳遞土地的信息與能量，滋養我們有足夠的勇氣去面對生活中的種種挑戰。以下介紹許多代表性的食物，不論是餐廳、銀元家、小吃或市集，都鼓勵旅人勇敢嘗試，試了才知道口感，不再只是書上寫或聽他人說，建立屬於自己的美食資料庫，並從中體驗好吃與不好吃的差別。

 餐館&小吃菜色

蔬菜是在地料理的女神，相似的組合卻能變出不同口味，而義式披薩、麵條更是老百姓日常裹腹菜色，至於法式蛋捲、公雞先生(法式吐司)與可麗餅，則是全法國隨處可見。

櫻桃小蘿蔔 Radis Cerise
道地的吃法是沾海鹽、奶油。

海鮮拼盤
Plateau de Fruits de Mer

生蠔、田螺、甜蝦、淡菜、螃蟹等即食海鮮，在生蠔滴上萊姆送入口，再喝一口白酒，感受兩者交纏後的美妙滋味。

朝鮮薊＋油醋
Artichauts

將水煮過的朝鮮薊，一瓣一瓣扒下來，只有根部可以食用，可沾油醋提味。

尼斯沙拉
Salade Niçoise
番茄、四季豆、洋蔥、甜椒、萵苣、櫻桃小蘿蔔、黑橄欖、綠酸豆、水煮蛋、鯷魚、鮪魚，淋上橄欖油，一整盤的分量對女生的午餐來說剛剛好。

莫扎瑞拉番茄沙拉
Salade Tomato
Mozzarella
莫扎瑞拉乳酪口感Q且幾乎沒有味道，即便不敢吃乳酪的人都會被收服。

海鮮沙拉
Salade de Fruits de Mer
甜蝦、淡菜、生菜、柳橙與葡萄柚，共譜沙拉組曲。

酪梨沙拉

酪梨加上希臘菲達乳酪(Feta)，夏季清爽的午餐。

義大利餃 Gnocchi
類似台灣的麵疙瘩，濃郁的奶油白醬口味與菌菇最受歡迎。

尼斯燉菜 Ratatouille
番茄、櫛瓜、茄子、洋蔥、甜椒，以橄欖油、迷迭香、大蒜爆香炒過再燉煮。

白酒蛤蜊義大利麵 Spaghetti aux Coquillages

青醬寬麵 Tagliatelles au Pistou
以蘿勒葉、蒜頭、橄欖油調味的美味麵食。寬麵在台灣也比較少見。

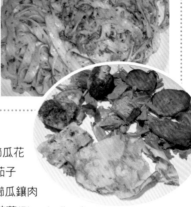

魚湯 Soupe de poisson
常見於餐館的平價魚湯。並非清湯，直接喝絕對太鹹，需將麵包放入湯盤共用。

尼斯小吃
尖嘴豆餅(La socca)、炸櫛瓜花(Fleur de Courgette)、炸茄子(Beignet de Légumes)、櫛瓜鑲肉(Courgette Farcis)、尼斯披薩(Pissaladiere)。

（圖片提供／許銀元）

馬賽魚湯 Bouillabaisse
傳統馬賽魚湯是將地中海的小魚以洋蔥爆香炒過，再將魚刺取出讓魚肉續煮到化掉，食用時將烤乾的麵包用蒜頭刷幾下，再抹番紅花醬並放上乳酪絲，放入湯盤裡一同品嘗(需預約)。

尼斯披薩 Pissaladiere
以鹹鯷魚、洋蔥、黑橄欖組合而成的當地特色小吃。

義大利披薩 Pissa
當地的披薩都是薄片的，而且常會加入地中海食材——橄欖。

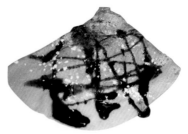

法式蛋捲 Omelette

看起來再簡單不過的法式蛋捲，卻是可快速充饑的平民美食，許多小館或快餐店即可輕鬆享用。

法式土司 Croque Monsieur

普遍見於咖啡館的「烤火腿乳酪奶油土司」，通常會加點生菜成為一道輕食裹腹。

可麗餅 Crêpe

故鄉來自法國布列塔尼地區，除了專賣小店舖，也會出現在複合式的三明治沙拉店家，因為沒有加太多的食材，所以口感軟嫩味道單純，跟在台灣吃到的感覺很不一樣。

 ## 麵包

葉子麵包(Fougasse)即是法國版的佛卡夏，此乃普羅旺斯最具代表的傳統麵包，麵皮做法與火侯都與一般麵包不同，內餡則有各種鹹的口味，如橄欖、臘肉、朝鮮薊或迷迭香等；除此，圓滾滾的鄉村麵包、無花果方型麵包，也常見於市集或麵包店。

 ## 甜點

長方形的閃電泡芙有咖啡、巧克力口味，千層派的酥皮與奶油是絕配，蘋果派烤過的蘋果口感脆中帶嫩，蛋白霜脆脆的口感很療癒，檸檬塔濃郁的檸檬醬酸中帶甜，有機會也應該嘗嘗當地的提拉米蘇。

▲ 檸檬塔 Tarte au citron

▲ 提拉米蘇 Tiramisu

▲ 普羅旺斯鹹派 Quiche provençale(左1)：內餡為蔬菜，麵包店最常見，小吃店次之

▲ 葉子麵包(左)和無花果方型麵包(右上)

▲ 閃電泡芙 Éclair

▲ 蘋果派 Tarte aux Pommes

▲ 巧克力可頌 Croissant au chocola(左)、可頌 Croissant (右)、葡萄麵包 Pain aux Raisins(中)

▲ 法式棍狀麵包 Baguette

▲ 千層派 Mille-Feuille

▲ 蛋白霜 Meringue

飲食篇

▲ 享受開胃酒的愉悅時光

🍀 飲料

帶著氣泡的沛綠雅加上一片檸檬真是對味，是不喝咖啡因、酒精飲料的人的最佳選擇；水蜜桃紅茶幾乎是比可口可樂還要普及的大眾化飲料，尤其是點法式三明治、漢堡或鹹派等，特別會想要搭配來喝。

▲ 水蜜桃紅茶Thé Pêche

🍀 開胃酒

顧名思義是要開啟食欲，如果在法國人家裡用晚餐，通常19:00是開胃酒時間，配著簡易的小點心，一聊常常一個鐘頭。茴香酒是普羅旺斯人最日常的開胃酒，因酒精濃度有45%必需加水稀釋再喝，水與酒的比例是5:1；相較茴香酒的特殊香氣，西班牙雞尾酒絕對讓你一杯接一杯。

▲ 沛綠雅礦泉水Perrier

▲ 茴香酒Pastis

▲ 西班牙雞尾酒Sangria

🍀 餐後消化酒

飽餐之後，需要消化酒來促進消化，此時酒已不是老大，重點在於結束晚餐前的溫存，因此杯中的酒量是極少的，不小心一口就下肚了；除了白蘭地，當地人更喜歡自己做消化酒，例如馬鞭草消化酒。

▲ 苦橙酒Vin d'orange amer

▲ 橄欖是搭配開胃酒的小點心

▲ 馬鞭草消化酒Digestif

餐館種類

選擇一間喜歡的餐廳，踏進去享用美食吧！

餐廳、家常菜館、小酒館、酒吧這四者的關係頗曖昧，既可各自獨立，也會同時並存，好比餐館也有附設酒吧或小酒館；有些個性餐館並沒有明顯的Restaurant等字樣，但從門口擺放的菜單或露天座位，即可看出是間餐館。通常用餐時間約2～3小時，而用餐環境在熱鬧市區會稍小或擁擠，米其林星級餐館對於座位舒適度最講究，乃至於餐具、裝潢、服務等等也是，因此用餐者的服裝也必須用心，女士請著洋裝或套裝為主，男士長襯衫打領帶加上西裝外套準錯不了。

餐館 Restaurant

從普通餐館、背包客推薦餐館、米其林星級餐館、米其林推薦餐館，到近年熱門的餐飲大師(Maître Restaurateur)系列，選擇多樣不一而足，價格落差也很大。正式餐館營業時間較固定，午晚餐之間會休息。

小酒館 Bistro

適合喝喝小酒搭配簡單的開胃菜或小菜，非常隨性，氣氛熱絡，預算約10€起。

🫘 豆知識

餐飲大師
Maître Restaurateur

從2007年5月開始為國家認可，由各省省長頒發的餐飲標誌，除了精湛的廚藝，現煮的新鮮食材、食品安全、環境衛生、裝潢設計、主顧關係等等，都在評鑑範圍，預算約30～70€，不少餐廳同時也是米其林「推薦」餐館。

主廚姓名 MAÎTRE RESTAURATEUR 餐館名稱

飲食篇

家常菜館 Brasserie

　　早期由啤酒屋延伸而成的小餐館，氣氛輕鬆、菜色種類多樣、營業時間長、服裝不拘，幾乎全天候都能用餐，大都有露天座位，預算15€起。

酒吧 Bar

　　村莊的Bar通常就是喝兩杯聊幾句，小歇短暫停留，當地人上班前的咖啡或傍晚餐前酒也常在此進行。

海鮮餐廳 Fruits De Mer

　　只賣海鮮的餐館，較少見，大多附屬在Brasserie或Restaurant，預算約30€起。

素食餐館 Restaurant Vegan

　　素食者在普羅旺斯的選擇越來越多，有些餐館更強調有機(BIO)，預算約20€起。

披薩館 Pizzeria

　　在普羅旺斯很普遍，披薩、義大利麵、沙拉選擇多樣，預算約15€起。

中式快餐館 China Fast Food

　　提供炒飯、炒麵、炒菜、牛羊豬雞、湯麵等熟食料理，但因法令規定熟食必須放在開放式的冷藏櫃，點餐後需微波加熱，預算約15€起。

越南小館 Vietnamien

　　常見於亞維儂、亞爾、尼斯等較大城鎮，牛肉湯麵、鮮蝦湯麵、清爽的沙拉，頗合台灣人口味，特別是熱騰騰的湯麵在冬天最受歡迎，預算約15€起。

麥當勞 McDonald's

　　來自美國的速食連鎖店，以開設在火車站周邊或市區為主，預算約8€起。

以下幾種小館，因規模都不大，有時單獨存在，有時複合經營，從店面招牌即可看出：

可麗餅店 Crêperie

甜的可麗餅(Crêpe)是以小麥做成的奶油色薄餅，常見四大天王：砂糖、奶油、巧克力榛果醬(Nutella)、巧克力香蕉；以蕎麥做成的鹹薄餅(Galette)是深褐色，火腿、乳酪絲、蛋為主要材料，預算約8€起。

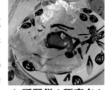

▲ 可麗餅＋巧克力＋奶油

快餐 Snack／Fast Food

以漢堡、法式三明治、薯條等速食為主的小店，常見於街道巷弄，預算約8€起。

三明治店 Sandwich

法式三明治以棍狀麵包為主，內餡加上火腿、生菜、番茄、各種乳酪、鮪魚等等，預算約6€起。

咖啡館 Café、茶館 Salon De Thé

通常有紅茶、花草茶、咖啡、果汁等飲料，店家規模越大提供的甜點選擇越多，預算約5€起。

冰淇淋店 Glacier

特別推薦哈密瓜(melon)、水蜜桃(pêche)、開心果(Pistache)、覆盆子(framboise)、咖啡(Café)等口味，每球約2€起。

麵包店 Boulangerie

通常除了麵包，也會有鹹派、披薩、甜點等等，甚至水、可樂、熱巧克力、咖啡等飲料，預算約2€起。

🔵 豆知識

A 米其林指南 Le Guide Michelin

由米其林輪胎公司所出版，結合餐旅、加油站、維修廠等資訊的手冊，1926年起並給予餐廳星級評價，由高而低分為下列：

三星(約150～300€)、二星(約100～200€)、一星(約70～100€)，以及米其林推薦餐館(約50€)。

▲ 請注意，餐館門口貼紙為米其林「推薦」餐館，並非米其林「星級」餐館。

B 背包客指南 Guides du routard

針對背包客族群所出版的旅遊指南，在許多旅館、餐館門口常可看到背著地球走的圖示。

C 精打細算 Petit fut

創立於1976年，盛行於法國的旅遊指南，除了狐狸的標誌，還有字面看來就是詭計多端之意，對於精打細算的旅者來說是不可或缺的工具書。

飲食篇

超市與市集

體驗在地生活的最佳去處。

超市與市集是旅人最不想錯過的日常景點，前者在火車站附近或市區，對於喜歡烹調的人來說，這裡更是補貨的好所在，鹽花、香料、食用種子等，乃至於給親友的伴手禮如巧克力、糖果、餅乾、花茶包、咖啡豆等都有。市集大都位在老城裡固定街區或廣場，但不會天天出現，通常一週1～2天，除非特別安排，否則只能碰運氣，琳瑯滿目的攤位有著最新鮮的蔬果、熟食，以及生活所需種種。

▶ 鴨肝慕絲。用來塗麵包和加上生菜，就可自製法式三明治

超市 Supermarché

常見的中小型超市有SPAR、Casino、MONOP'、Carrefour city。週日除了Spar營業半天，一般都休息。大賣場家樂福Carrefour雖然產品種類多，但偏郊區賣場大，相對也需花費較長的交通與結帳時間。

▲ SPAR據點多，營業時間較長(07:00～21:00)

▲ Casino與賭場同名，中午休息2小時不營業(08:30～19:00)

▲ MONOP'，營業時間(09:00～19:00)

▲ 礦泉水品牌眾多

法國知名啤酒1664

▲ 雀巢米布丁(Gâteau de Riz)

▲ LU餅乾

▲ 優格

▲ 乳酪

▲ 生菜種類不勝枚舉

▲ 休息站及大超市有沙拉等熟食

市集 Marché

在市集裡，常會看到的平民食物有西班牙海鮮飯(Paella)和烤雞(Poulet Rôti)，其中香料烤雞更是備受歡迎，可買半隻(Demi poulet)或一隻雞腿(Une Cuisse de poulet)，配上沒蒜味的香料醃蒜頭，更是令人垂涎。

▲ 西班牙海鮮飯Paella

▲ 香料醃蒜頭Ail confit aux Herbes(右上)、羅勒醃蒜頭Ail confit au Basilic (左上)、尼斯醃橄欖Niçoise Coquillos(左下)、辣椒塞羊乳絡Poivrons farcis au fromage de chèvre(右下)

▲ 香料烤雞Poulet Rôti

▲ 外表厚實的鄉村麵包

▲ 醃醺火腿與乳酪

▲ AB標章代表有機農產品

▲ 用竹籃裝菜美觀環保

▲ 逛市集幾乎人手一籃

用餐需知

在餐館用餐時，要注意什麼呢？

普羅旺斯當地餐館的門口必定可看到菜單內容與價錢，決定用餐務必在入口處或門口等候帶位，夏季時，很多觀光區的餐廳會附設露天座位，但是路邊人潮來來往往，用餐空間也較擁擠，同時也可能是吸煙區，若想安靜用餐可入內就座。

▶ 豐盛的料理讓人胃口大開

▲ 餐桌上的普羅旺斯色彩誘人

▲ 在蒙頓蔚藍海岸的露天座用餐，感受悠閒的步調

菜單解說

每日特餐

6種菜色供選擇

價格9.9€

前菜 Entrées

以冷盤開胃菜為主，如沙拉、火腿等。

主菜 Plats

以肉類(Viandes)為主，如牛、雞、魚、羊、豬等。

甜點 Desserts

如冰淇淋、焦糖布雷、漂浮之島、檸檬塔、巧克力蛋糕(慕絲)、提拉米蘇、蘋果塔、乳酪等。

套餐 Menu

餐館推出的優惠組合，可在數種前菜、主菜、甜點之中各點一樣，依價格又分為下列二種選擇：三道(前菜＋主菜＋甜點)、兩道(前菜＋主菜或主菜＋甜點)。兒童套餐為Menu Junior。

每日特餐 Plat du Jour

類似台灣的商業簡餐，常見於午餐，價格會比套餐略低。

 豆知識

A 素食餐館哪裡找？

對法國人來說，魚、火腿都可視為素食，點餐時務必確認清楚，除中國餐館，亦可Google搜尋：「RESTAURANT VEGAN NICE(NICE可換其他城市名稱)」，即會跑出素食店家與地圖。

B 餐桌水

如晚餐18:00～19:00入座，服務生送菜單前會問是否點開胃酒、飲料，此時也可直接點水；若20:00以後入座，點餐後才會選紅、白酒等飲料，這是當地習慣，並非服務不好或種族歧視。餐桌水可選擇普通水(免費)、礦泉水與汽泡礦泉水。

C 紅醋與奶油的用途

生蠔、螃蟹、甜螺等海鮮拼盤，都會附送紅醋(右)與奶油(左)，螃蟹沾紅醋可去寒，甜螺沾奶油也對味。

用餐步驟 Step by Step

 Step 1 ## 訂位

　　熱門餐館、米其林推薦餐館及米其林星級餐館建議先訂位，若要臨時取消也務必通知餐館，法國正式餐館晚餐時間通常為19:30開始，但部分觀光區的餐館18:00～19:00點即可入座，當地人大都20:00陸續進來。

 Step 2 ## 等候帶位

　　不論是否有預約，一旦進到餐館，請在入口處等候服務生帶位，傳統南法餐館內部座位並不寬敞，而當地人很享受在露天座位用餐。

Step 3 ## 看菜單＆點菜

　　就座後，服務生會送上菜單，部分餐館有英文菜單，約5～10分鐘後服務生會再回來點菜，點完菜才會點餐酒或餐桌水，若對酒單不熟可請服務生推薦。

▲ 普羅旺斯餐桌上總少不了美酒，點完菜才會上水或飲料

 Step 4 ## 上菜

　　麵包、水、酒與飲料會先上桌，正式餐館上菜順序由前菜開始，通常單點的人需等套餐的人；普通餐廳則較彈性，可提醒服務生一起上菜。

Step 5 ## 甜點時間

　　用完餐後，服務生會來詢問是否需要甜點，此時才會送上甜點的Menu，即使在之前點菜是選擇附甜點的套餐，都是在此時此刻才點；乳酪也是屬於甜點範圍。

Step 6 ## 結帳

　　法國餐館都是桌邊結帳，只要告知服務生帳單即會送來，而不是到櫃檯結帳，確認金額後將現金(或信用卡)放在帳單夾，服務生會自行收走，待起身離座時再將小費放在桌上的黑色小碟內即可。

帳單解析

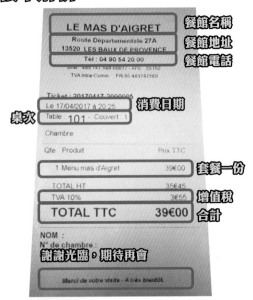

LE MAS D'AIGRET	餐館名稱
Route Départementale 27A	餐館地址
13520 LES BAUX DE PROVENCE	
Tél : 04 90 54 20 00	餐館電話

Siret 483 747 568 00017 - APE : 55102
TVA Intra-Comm.　FR 85 483747568

Ticket : 20170417 3000005
Le 17/04/2017 à 20 25 — 消費日期
桌次 — Table　101 - Couvert 1

Chambre

Qte	Produit		Prix TTC	
1	Menu mas d'Aigret		39€00	套餐一份
	TOTAL HT		35€45	
	TVA 10%		3€55	增值稅
	TOTAL TTC		**39€00**	合計

NOM :
N° de chambre :
謝謝光臨，期待再會

Merci de votre visite - A très bientôt.

 行家祕技

小費如何給？

　　餐點、服務皆滿意，適當的小費讓賓主盡歡。基於尊重不適合以20分等零散銅板湊成整數，1€、2€沒問題，若在米其林星級餐館以紙鈔為主。至於該給多少並沒硬性規定，以下僅供參考：兩人若用餐消費30～70€，小費約為2～5€。若帳單下方出現小費已含(service compris)字樣，則不需再給。

常用法語ABC

常見單字

中文	法文	中文	法文
免費水	Une carafe d'eau	法式美乃滋	La mayonnaise
礦泉水	L'eau minérale	芥末醬	Le moutarde
汽泡礦泉水	L'eau gazeuse	開胃菜	Amuse Bouche
熱水	L'eau chaude	薯條	Les frites
開胃酒	Un apéritif	全熟	Bien cuit
香檳	Du champagne	五分熟	Medium
紅酒	Du vin rouge	三分熟	Saignant
白酒	Du vin blanc	魚類	Le poisson
玫瑰紅	Du vin rosé	螃蟹	Le crabe
餐桌酒	Vin de Table	龍蝦	Langoustine
柳橙汁	Un jus d'orange	生蠔	Les huître
啤酒	Une bière	淡菜	Les moules
奶茶	Thé au lait	扇貝	Les coquille
花草茶	Une tisane	雞肉	Le poulet
不要加冰	Sans glaçon	湯	La soupe
不要加糖	Sans sucre	小費已含	Service compris
小牛胸腺	Ris de veau	外帶	Emporter
牛肉	Du boeuf	內用	Sur place
鴨肉	Le Canard	湯匙	Une cuillère
鱒魚	La truite	刀子	Un couteau
烤雞	Le poulet rôti	叉子	Une fourchette
一隻雞腿	Une cuisse de poulet	盤子	Une assiette

實用會話

我是素食者。	Je suis vegetarian.
有兒童套餐嗎？	Avez-vous un menu enfant?
我要一份牛排。	Je voudrais un steak.
不了，謝謝。	Non, merci.
這不是我點的菜。	Ce n'est pas mon plat.
很好吃。	C'est très bon.
乾杯！	Santé!／Chin Chin!
我可以外帶嗎？	Eest-ce que je pourrais avoir un doggy bag s'il vous plaît?
用餐愉快！	Bon Appétit!
請結帳。	L'addition, s'il vous plait.

購物篇
Shopping

讓旅行紀念品，延續到生活之中～

透過桌巾、餐墊、竹籃、油畫、香料等等，把普羅旺斯的大自然氣息帶回家吧！

除此也別錯過在地的名產，

至於到哪裡採購、如何退稅也是一定要知道的。

普羅旺斯特產

以下將普羅旺斯特產區分為3種，生活用品、料理用品大都是當地人也在使用，至於產地視店家進貨而定，對筆者來說這些東西不僅實用，更能延續在日後生活之中，也是一種「旅行紀念品」；至於小點心都是在地特產，除直接在旅途中享用也能帶回當伴手禮。

生活用品

草帽
便宜又實用的草帽在當地市集很普遍，因為一年有300天的陽光普照，多買幾頂以因應不同場合使用。

普羅旺斯花布
以在地大自然的花草樹木等元素為主題，做成桌巾、餐墊、窗簾、隔熱手套等。桌巾有綿質與防水材質，市集的平價品每塊現成的桌布10€起跳，剪布則以每公尺為單位，店家的花布品質較好，價格一分錢一分貨。

蟬
象徵好運的蟬，彩繪的陶瓷掛飾最常出現在紀念品店，五顏六色各種尺寸掛在牆上，有的還會發出聲音；此外，蟬的身影也會出現在桌布、擦手巾、餐墊、胡椒罐、香皂等。

橄欖木製品
橄欖木做成的砧板、湯匙、炒菜鏟子都很實用，且價格比在台灣購買便宜很多，唯一缺點是若久不使用容易發霉。

購物篇

陶製杯盤

除了陶瓷小鎮慕斯提耶聖瑪莉(Moustiers Ste Marie)有較多店家集中，其實在普羅旺斯的小鎮或多或少都可看到各種陶製杯瓶碗盤，若要拿來當食器建議選購品質佳的。

竹籃

有各種大小尺寸可選，拿來野餐、置物或擺飾都很棒！

油畫

找一幅在地油畫帶回家吧！每幅價格30€起跳，除非購買數量多，否則一般不太能議價。

磁鐵

葡萄酒、橄欖油、棍狀麵包都是當地常見的磁鐵造型。

複製畫與餐墊

便宜的複製畫帶回來送去油畫處理＋裱框，是划算又不占空間的戰利品，而且攜帶方便不怕弄壞。

馬賽香皂

16世紀末，源自於馬賽的馬賽香皂(Savon de Marseille)，強調以72%橄欖油製成(72% huile d'olive Pure)，但時至今日也非指產於馬賽的香皂，且太多難以辨識的仿製品，幾乎每個市集都可看到。

紀念T恤

亞爾的紀念T恤特別是以梵谷畫作為主題，鬥牛、薰衣草圖案也常見。

明信片

當地的風景明信片只限於該城鎮才買得到，價格依店家、材質、設計而不一，約0.3～2€。

料理用品

香料 Epices

香料是普羅旺斯料理不可或缺的食材，燉肉、煮菜、熬湯或烤披薩任君發揮創意，常用香料如百里香(Thym)、迷迭香(Romarin)、蘿勒(Basilic)、奧勒崗(Oregon) 月桂葉(Feuilles de laurier)、鼠尾草(Sauge)、小茴香(Fenouil)等。

橄欖油 Huile d'olive

務必選購初榨橄欖油(法文：Huile d'olive vierge extra、義大利文：Extra Vergine、英文Extra Virgin)，油酸度低於0.8%，店家或市集會提供試嘗，小小一口放入味蕾，即有天然的果香口感，絕對不會有油耗味。

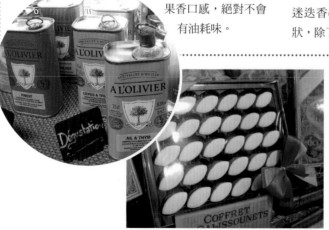

鹽花 Fleur de Sel

法國頂級海鹽，鹽中貴族，因為不便宜，所以適合直接灑在沙拉或牛排上使用，位在隆河口省(Bouches-du-Rhône)的卡馬格(Camargue)所產的鹽花是常見品牌，小小一盒可以用滿久的。

蜂蜜 Miel

普羅旺斯在地的蜂蜜以薰衣草(Lavande)和迷迭香(Romarin)口味居多，且多屬結晶狀，除了加在茶裡，也可塗在麵包上。

小點心

杏仁餅 Calissons

源自於艾克斯普羅旺斯(Aix-en-Provence)的傳統甜點，以杏仁、哈蜜瓜還有糖霜製成。

牛軋糖 Nougat

以蒙特利瑪(Montelimar)的牛軋糖最受歡迎，用杏仁、蜂蜜、蛋白做成，香軟不黏牙！

糖漬水果 Fruit Confit

將水果與糖一起熬煮再撈起曬乾，相同程序重覆幾次直到完全脫水，就成了晶透的糖漬水果。

▲ 整塊的牛軋糖　　▲ 店家買的牛軋糖是切好的包裝

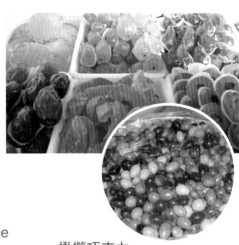

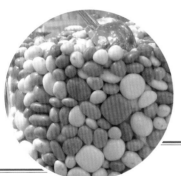

尼斯石頭巧克力 Des galets de nice en chocolat

以尼斯蔚藍海岸的鵝卵石為造型的巧克力。

橄欖巧克力 Olives au Chocolat

偽裝成橄欖的巧克力，內有杏仁堅果。

其他產品

以下不是普羅旺斯特產，全法國都可買得到，也值得一帶。

有機花草茶 L'infusion

有馬鞭草(verveine，下圖左上)、助消化茶(digestion légère，右上)、瘦身茶(aide minceur，左下)、放鬆茶(détente，右下)。

菊苣咖啡 Chicorée

咖啡上癮者的替代飲料，超市都可買得到，沖泡方式：一次1～3小匙，加入熱牛奶或熱開水沖泡。

剛曬乾的菩提花茶 Tilleul

飯後的無咖啡因飲料，適合晚餐後或睡前飲用放鬆心情。

哪裡採購

1月初和6月下旬兩大折扣季,是搶購的好時機。

從老城的街道巷弄、旅遊服務中心、有機店、購物中心,甚至是高速公路的休息站,都是蒐集戰利品的好所在,另外還有以下地點可供血拼參考。

超市 MONOPRIX

與超市MONOP'是同集團,但MONOPRIX規模更大,除了超市外,還有開架式彩妝與保養品、男女服飾、童裝、餐具、文具等生活用品。

書局 LIBRAIRIE

喜歡逛文具相關用品的人肯定要來尋寶,常常會讓人黏住出不去。

菸草店 Tabac

較具規模的菸草店,除了販售明信片,也同時販售旅遊紀念品或樂透彩券。

火車站的書店 RELAY+Tabac

琳琅滿目的旅遊、居家、美食等雜誌以及當地特產,還有臨時救急的旅行生活用品,如轉接頭、耳機、USB傳輸線、衛生綿、OK蹦等等。

▲ 吸睛的居家雜誌也是蒐集品

▲ 火車站的hubiz,結合了書店RELAY+Tabac

購物篇

花布店

專賣普羅旺斯
花布,桌巾、餐
墊、窗簾、隔熱
手套等都有。

紀念品店 Boutique de souvenirs

杯碗盤叉、肥皂、購物袋等無奇不有的旅行紀念
品任你搬。

▲ 位在雷伯老城內的小店,以馬賽香皂、淡香水等香氛用品
最受歡迎

百貨公司 Grand magasin

網羅平價、中價、高價品,是雨天的最佳備案,
但缺點是結帳、退稅較花時間。

藥局 Pharmacie

許多藥局都有藥妝店的規模,除了平價的保養
品、可靠的精油、還有巴哈花精系列(Bach),保證
是會讓人花錢又花時間的地方。

▲(左)Docteur VALNET的精油品牌為有機(AB)認證/(右)
急救花精不僅日常好用,更是旅行好幫手

機場免稅店 Duty Free

以知名品牌、菸酒、食品為主。食品名產品質較
好,但價格也相對較高。

服飾店 Magasin de vêtements

城鎮的主要大街常見連鎖品牌如男女裝童裝 ZARA、女裝promod、男裝Celio等，個人較推薦 Cotélac(針織女裝等)、Petit Bateau(童裝與成人居家服飾)、Comptoir des cotonniers(時尚女裝)、DARjeeLING (女性內衣)、Eric Bompard(喀什米爾輕薄毛衣顏色多)，以及Du Pareil au Même(棉質童裝)。

鞋店 Magasin de chaussures

不可否認法國女鞋的設計款式真讓人心動，但務必試穿才會精準，個人較推薦Minelli、Heyraud。

▲ 欣賞櫥窗的陳設也是window shopping樂趣之一

市集 Marché

女生來到市集，時間永遠不夠用，帽子、衣裙、手飾、鞋子等等，光是欣賞顏色與設計款式就很療癒。

▲ 聖誕市集(11月中～12月底)　▲ 市集讓人大開眼界

豆知識　**折扣季 Soldes**

每年兩次大折扣可以下殺到3折，冬季在1月初、夏季在6月下旬起跑，時間長達一個多月，但確切日期由法國官方統一公告，其他區間小折扣頂多到8折。

行家祕技　**購物注意事項**

1. 進入店家請主動以您好(Bonjour)打招呼，若是店員先說您好，請務必回一聲Bonjour，在法國這是最基本的禮貌。
2. 若需試穿衣物，或看櫥窗、櫥櫃內的商品，請主動告知店員。
3. 百貨公司或連鎖門市購買的衣物，請確認店員是否將防盜扣取下，可避免誤會與不便。
4. 機場免稅店購買的香水、乳液等保養品、酒精類等，需由店員將商品與收據一同封入透明塑膠袋內，才能登機。
5. 市集攤位、小紀念品店等幾乎都無法刷卡，需以現金交易。
6. 市集的水果攤通常不能自行挑選水果。

如何退稅

退稅時,該注意些什麼呢?

年滿16歲,居住地非歐盟,並於購物後3個月內離開歐盟才得以辦理,實際退稅金額為購物金額的12%。為了有充裕時間完成退稅,建議於班機起飛前3小時即開始辦理。

由於法國機場近年推動電子退稅(PABLO),只需退稅單即可辦理;但若電子退稅時,掃瞄沒過,需到退稅關(Détaxe)報到,由海關人員完成掃瞄或蓋章,需準備:護照、英文電子機票、退稅單、購買的物品。

▲ 退稅關(Détaxe)

▲ 電子退稅不過的圖示

一般退稅步驟 Step by Step

Step **1** 店家購物

同日同店購物滿176€,且店家門口貼有「TAXFREE」標誌,主動出示護照辦理,並取得退稅單和1個信封。

Step **2** 機場退稅

將離開歐盟機場,登機前必須完成退稅手續,也就是在退稅關完成掃瞄或蓋章。在巴黎戴高樂機場各航廈都有定點的退稅櫃檯可辦理。

Step **3** 投郵筒(或領退現)

依退信用卡(退卡)或領退稅現金(退現),分別完成投郵筒或領錢的程序,才算完成退稅。

機場退稅櫃檯看這裡

巴黎戴高樂機場一航:靠近6號大廳(Hall 6)。

巴黎戴高樂機場二航:2A客運大樓:出境5號門;2C客運大樓:出境4號門;2D客運大樓:入境樓層;2E客運大樓:出境4號門;2F客運大樓:入境樓層。

尼斯機場二航:入境樓層(Arrivé)A3大廳。

可上戴高樂機場(網址見P.44)與尼斯機場(cn.nice.aeroport.fr/Chine),查詢退稅資訊(有中文)。

電子退稅(PABLO)步驟 Step by Step

以下是以巴黎戴高樂機場第一航廈(CDG 1)為例：

Step 1 退稅關(Détaxe)

退稅櫃檯在出境大樓2樓，請遵循指標排隊辦理。

Step 2 選擇語言

在PABLO觸控式螢幕上選擇「中文」。退稅前，事先把退稅單與信封分別按照順序排列，掃瞄時才不會手忙腳亂。

Step 3 條碼掃描

將退稅單右上方的條碼，對準螢幕正下方的掃描器。

Step 4 通過圖示

掃描通過後，請先離開機器，讓下一位使用。並依退卡費或領現，分別完成下列程序。

Step 5 選擇退卡費(投郵筒)

將上聯(或正聯)撕下來放入信封，將封口黏好後投入郵筒(或退稅公司附的箱子)。退稅款約45～60天可入到信用卡，下聯(或附聯)請自行保管。接著到航空公司櫃檯報到。

Step 5 選擇退現

請到左側銀行櫃檯排隊領錢，領完現金後，上聯會由銀行收走。

貼心 小提醒

退稅注意事項

1. 若有其他歐盟國家購物的退稅單，最後在法國離境，並不適用電子退稅，請直接到海關人員處完成掃瞄或蓋章。
2. 退卡費若超過3個月未入帳，可憑下聯跟退稅公司查詢。

購物篇

圖解退稅信封及退稅單

不需貼郵票

店家

L'afayes

退稅公司

退稅公司

▲ 信封

店家
退稅公司
購物總額
退稅金額

條碼
退稅單
上聯
勾選信用卡
退稅的信用卡卡號

退稅單
下聯
(收執聯)

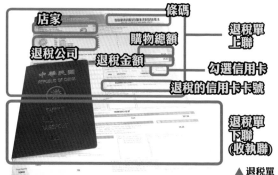

▲ 退稅單

常用法語 ABC

常見單字

中文	法文	中文	法文
大尺碼	Grande taille	敏感肌膚	Une peau sensible
小尺碼	Petite taille	油性肌膚	Une peau grasse
白色	Le blanc	混合肌膚	Une peau mixte
黑色	Le noir	乾性肌膚	Une peau sèche
紅色	Le rouge	精華液	Un sérum
藍色	Le bleu	防曬乳	Une crème solaire
皮製	En cuir	抗黑眼圈	Anti-cernes
毛料	En laine	保溼	Une crème hydratante
絲質	En soie	付現	En espèces
領帶	Une cravate	刷卡	Par carte bancaire
手提包	Un sac à main	開放時間	Ouverture
行李箱	Une valise		
日霜	Une crème de jour		
晚霜	Une crème de nuit		

實用會話

我可以試穿嗎？	Puis-je l'essayer?	多少錢？	Combien ça coûte?
可以算我便宜一點嗎？	Est-il possible de me faire un prix?	這太小了。	C'est trop petit.

我要買這個(陽性或陰性)。 Je prends celui-ci (celle-ci).

我要送人，請幫我包裝。 C'est pour offrir, pourriez vous me faire un emballage cadeau.

我可以換貨嗎？ Est-ce que je peux l'échanger?

我想要退貨。 Je voudrais rapporter (ramener) cet article.

我想要辦退稅。(在店家) Je voudrais être exonérée des taxes.

玩樂篇
Sightseeing

走訪普羅旺斯，該去哪裡好呢？

每個村落各有魅力，都是無可取代的，除了耳熟的熱門景點，本單元將
帶你走入從未認識的普羅旺斯，體驗山居生活、住進法國人的家、到酒
莊野餐、在聖十字湖畔午睡、享受法式水療的放鬆……

亞維儂
Avignon

被城牆包圍的超人氣小鎮。

身為沃克呂茲省省會，除了保存完整的14世紀城牆，2005年教皇宮、斷橋及歷史城區，皆被列為世界文化遺產，漫步在老街一回眸可能就與千年遺跡相遇，而每年7月的藝術節，更為小鎮持續注入活力與創意。

▲ 建於14世紀的亞維儂城牆(見P.112)

▲ 在朵黑街(Rue Dorée)與歷代教宗牆不期而遇

▲ 3把鑰匙是亞維儂市徽

▲ 冬天也會下雪

如何抵達

TGV

從戴高樂機場二航火車站(Gare SNCF)出發的TGV，停靠亞維儂高鐵站(Avignon TGV)，時間約3小時11分，下車後需再轉TER火車約5分鐘，才能到市區火車站(Avignon Centre)；TER火車每30分鐘一班。

玩樂篇

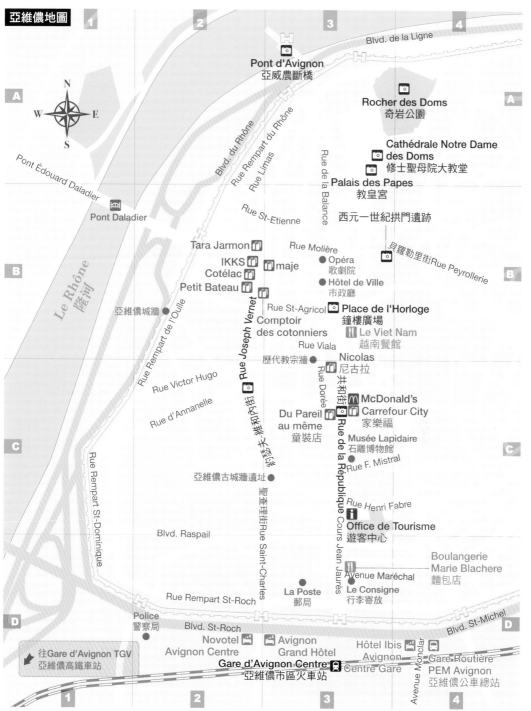

亞維儂地圖

1 **2** **3** **4**

Blvd. de la Ligne

A

Pont d'Avignon
亞威農斷橋

Rocher des Doms
奇岩公園

Cathédrale Notre Dame
des Doms
修士聖母院大教堂

Palais des Papes
教皇宮

西元一世紀拱門遺跡

Pont Édouard Daladier

Blvd. du Rhône

Rue Rempart du Rhône

Rue Limas

Rue de la Balance

Pont Daladier

Rue St-Etienne

貝羅勒里街Rue Peyrollerie

Tara Jarmon

Rue Molière

B

IKKS
Cotélac

maje

Opéra
歌劇院

Petit Bateau

Hôtel de Ville
市政廳

Le Rhône
隆河

亞維儂城牆

Comptoir
des cotonniers

Rue St-Agricol

Place de l'Horloge
鐘樓廣場

Le Viet Nam
越南餐館

Rue Joseph Vernet

Rue Viala

Rue Victor Hugo

歷代教宗牆

Nicolas
尼古拉

Rue d'Annanelle

Rue Dorée

McDonald's

Carrefour City
家樂福

C

共和街　卡維斯內街

Du Pareil
au même
童裝店

亞維儂古城牆遺址

Musée Lapidaire
石雕博物館

Rue de la République

Rue F. Mistral

Rue Rempart St-Dominique

聖查理街Rue Saint-Charles

Rue Henri Fabre

Office de Tourisme
遊客中心

Blvd. Raspail

Cours Jean Jaurès

Boulangerie
Marie Blachere
麵包店

Avenue Maréchal

La Poste
郵局

Le Consigne
行李寄放

D

Rue Rempart St-Roch

Police
警察局

Blvd. St-Roch

Blvd. St-Michel

往Gare d'Avignon TGV
亞維儂高鐵車站

Novotel
Avignon Centre

Avignon
Grand Hôtel

Hôtel Ibis
Avignon

Gare Routière
PEM Avignon
亞維儂公車總站

Gare d'Avignon Centre
亞維儂市區火車站

Centre Gare

Avenue Monclar

1 **2** **3** **4**

我是這樣玩

市區火車站正前方就是亞維儂13個城門之一：共和門(Porte de la République)，由此進入高大筆直的梧桐大道(Cours Jean-Jaurès)，再延伸至共和大街、鐘樓廣場，幾乎直走就可達教皇宮，以下提供動線參考。

火車站 → 梧桐大道與共和大街(15～45分鐘)

→ 鐘樓廣場(15分鐘) → 教皇宮(30分鐘) →

奇岩公園(30～60分鐘) → 亞維儂斷橋(30分鐘) →

約瑟夫-維和內街(30分鐘) → 火車站

＊括號內為建議停留時間

景點介紹

共和街 Rue de la République
熱鬧購物大街　　MAP P.133／C3

▲ 共和街路牌

共和街由前面的梧桐大道(Cours Jean-Jaurès)一路沿伸過來，遊客中心之後的路牌就是共和街，店家五花八門，Monoprix、H&M、Zara、家樂福、麥當勞等都在單行道的兩旁，穿插麵包店、咖啡館、冰淇淋店、餐館、藥房與銀行。

7月份亞維儂藝術節期間，從白天到黑夜，街頭到巷尾，到處是音樂、舞蹈、戲劇、默劇表演，還有節目遊行兼打廣告，熱鬧有趣讓人大開眼界，一起來吧！

▲ 藝術節期間整條大街都是舞台

店家資訊

遊客中心 Office de Tourisme
✉ 41 Cours Jean Jaurès, 84000 Avignon 📞 +33 4 32 74 32 74 🕐 週一～五09:00～18:00，週六09:00～17:00，週日10:00～12:00 http www.avignon-tourisme.com
MAP P.133／C3

行李寄放 Le Consigne
✉ 1 Avenue Maréchal de Lattre de Tassigny, 84000 Avignon 📞 +33 9 82 45 20 24 🕐 5/1～8/31週一～六09:00～13:00、14:00～19:00，7月每日08:00～21:00 💲 2小時內不分大小行李每件5€，單日寄放小型5.5€、中型7.5€、大型9.5€ http consigne-avignon.fr MAP P.133／D1

尼古拉 Nicolas
✉ 18 Rue de la République, 84000 Avignon 📞 +33 4 90 85 34 39 🕐 週一15:00～19:30，週二～六10:00～19:30，週日休 MAP P.133／C3

▲ 尼古拉是各種類的酒專賣店

家樂福 Carrefour City
✉ 23 Rue de la République, 84000 Avignon 📞 +33 4 90 85 13 37 🕐 週一～六07:00～22:00，週日09:00～12:30 MAP P.133／C3

麥當勞 McDonald's
✉ 23 Rue de la République, 84000 Avignon 📞 +33 4 90 16 36 31 🕐 週一～四及週日07:30～22:30，週五～六07:30～00:00 MAP P.133／C3

童裝店 Du Pareil au même

✉ 16 Rue de la République, 84000 Avignon 🕐 週一～六10:00～19:00，週日休 http www.dpam.com MAP P.133／C3

▲ 法國知名平價童裝，質感佳款式豐富

玩樂篇

約瑟夫-維和內街
Rue Joseph-Vernet
單行道大宅與購物街　🗺 P.133／C2

　　位在11～13世紀競技場的城牆遺址上，17～18世紀貴族宅邸陸續進駐，大部分位在大街前半段，知名者如卡爾維博物館(Musée Calvet)；後半段兩側是人行紅磚道的專櫃門市，有別於共和街人山人海，這裡多是低調品牌，如Tara Jarmon、IKKS Junior、maje、Cotélac、Comptoir des Cotonniers、Petit Bateau等，適合安靜購物或漫步街道的旅人。

▲ 與聖查理街(Rue Saint-Charles)交界的城牆遺址

▲ 約瑟夫-維和內街有著舒適的人行街道

▲ Cotélac是一家走法式優雅風的質感服飾店

▲ Boulangerie Marie Blachre 位於梧桐大道，提供三明治、鹹派、披薩等

📖 店家資訊

服飾

Tara Jarmon
✉ 8 Rue Joseph Vernet, 84000 Avignon 📞 +33 4 90 31 16 47 🕐 週一14:00～19:00，週二～六10:00～19:00，週日休 🌐 www.tarajarmon.com 🗺 P.133／B2

IKKS
✉ 14 Rue Joseph Vernet, 84000 Avignon 📞 +33 4 90 86 24 36 🕐 週一～六10:00～22:00，週日休 🌐 stores.ikks.com 🗺 P.133／B2

maje
✉ 15 Rue Joseph Vernet, 84000 Avignon 📞 +33 4 90 27 97 59 🕐 週一～六10:00～20:00，週日休 🌐 fr.maje.com 🗺 P.133／B3

Cotélac
✉ 22 Rue Joseph Vernet, 84000 Avignon 📞 +33 4 60 85 18 42 🕐 週一～六10:00～19:00，週日休 🌐 www.cotelac.fr 🗺 P.133／B2

Petit Bateau
✉ 28 Rue Joseph Vernet, 84000 Avignon 📞 +33 4 90 85 59 03 🕐 週一～六10:00～19:00，週日 🌐 www.petit-bateau.fr 🗺 P.133／B2

Comptoir des Cotonniers
✉ 27 Rue Joseph Vernet, 84000 Avignon 📞 +33 4 90 14 63 84 🕐 週一10:00～13:00、14:00～19:00，週二～六10:00～19:00，週日休 🌐 www.comptoirdescotonniers.com 🗺 P.133／B2

美食

麵包店 Boulangerie Marie Blachère
✉ 45 Cours Jean Jaurès, 84000 Avignon 📞 +33 4 90 87 41 36 🕐 週一～六06:30～19:30，週日休 🌐 www.marieblachere.com 🗺 P.133／D3

越南餐館 Le Viet Nam
✉ 6 Rue Bancasse, 84000 Avignon (巷口是藥局) 📞 +33 4 90 85 60 97 🕐 週一～六11:30～14:30，18:30～22:30，週日休 🗺 P.133／B3

鐘樓廣場 Place de l'Horloge
整排露天咖啡座 `MAP` P.133／B3

從充滿19世紀後期氛圍的共和街走來，接上長形的鐘樓廣場，右側整排是餐館，左邊是市政廳(Hôtel de Ville)跟歌劇院，兩者中間有座小朋友最愛的旋轉木馬。7月的藝術節是熱鬧的戶外街頭表演，11月底到12月底則搖身一變為聖誕市集。

▲ 難得冷清的共和廣場

▲ 喜劇家莫里哀與悲劇家高乃依的石雕座落在大門口

🏛 豆知識

市政廳 Hôtel de Ville `MAP` P.133／B3

法文的Hôtel也有宅邸之意，當Hôtel de Ville這3個字連在一起即指市政廳，除了國旗與當地省旗，大門口上方刻有自由(Liberte)、平等(Equalite)、博愛(Fraternite)。

▲ 亞維儂新古典風格的市政廳完工於1856年

教皇宮 Palais des Papes
集皇宮、城堡與教堂功能 `MAP` P.133／A3

哥德式尖拱的教皇宮，是當年為了保護教皇安全而建，充滿防禦功能的城垛與箭孔，幾乎不見窗戶，內部溼壁畫由義大利西耶納(Siena)的名匠所造，但法國大革命時期連同大批珍奇寶物皆被破壞殆盡，徒留15,000平方公尺的空盪廳房，藝術節期間變身為表演者舞台。

- ✉ Place du Palais des Papes, 84000 Avignon
- 📞 +33 4 32 74 32 74
- 🕐 7～8月09:00～20:00，9/1～11/1及4/1～6/30 09:00～19:00，11/2～2/29 09:30～17:45，3月09:00～18:30
- 💲 12€(與斷橋聯票14.5€)
- 🌐 www.palais-des-papes.com

▲ 亞維儂曾是教宗領地直到1791年

西元一世紀拱門遺跡
Arcades romaines d'Avignon
隱身巷弄的兩千年建築 `MAP` P.133／B3

位在教皇宮後方的貝羅勒里街(Rue Peyrollerie)，有著在亞維儂非常罕見的西元一世紀的拱門遺蹟，經考古證實此為Avenio(亞維儂當時舊名)的古羅馬廣場上的拱門遺址，於1978年9月7日列為法國歷史古蹟。

▲ 法文寫著西元一世紀的羅馬遺蹟(Vestiges Romains 1er Siègle)

玩樂篇

修士聖母院大教堂
Cathédrale Notre Dame des Doms
寶座上的聖保羅之牛
MAP P.133／A3

教堂分3個時期完成，主體建於12世紀，仿羅馬風格，鐘樓在15世紀增建，鍍金聖母直到19世紀才加上去，內部最珍貴

▲教皇宮左手邊是聖母院

的是教皇大理石寶座上的聖保羅之牛。

- ✉ Place du Palais, 84000 Avignon
- ☎ +33 4 90 82 12 21
- ⏰ 週一～六08:00～17:00，週日休
- 💲 免費 http www.cathedrale-avignon.fr

亞維儂斷橋 Pont d'Avignon
驚見教皇宮動人天際線
MAP P.133／A3

橫跨隆河的木橋常因河水氾濫橋毀人亡，傳說牧羊人貝納澤(Bénézet)在天使託夢下蓋橋，但沒人信他，直到他在眾目睽睽下扛起巨石，居民才相信神蹟，有錢出錢、有力出力，於1185年完成全長900公尺、22個橋拱的石橋。17世紀末遭大洪水沖毀只剩4個橋拱，走上斷橋，經過聖尼古拉小禮拜堂，回頭即見教皇宮與鐘樓一氣呵成的天際線。

- ✉ Pont d'Avignon, Blvd. de la Ligne, 84000 Avignon
- ☎ +33 4 32 74 32 74
- ⏰ 7～8月09:00～20:00，9/1～11/1及4/1～6/30 09:00～19:00，11/2～2/29 09:30～17:45，3月09:00～18:30
- 💲 5€(與教皇宮聯票14.5€)
- http www.avignon-pont.com

▲知名童謠《在亞維農橋》(Sur le pont d'Avignon)傳唱數百年

奇岩公園 Rocher des Doms
眺望隆河與斷橋
MAP P.133／A4

從修士聖母院大教堂右前方拾階而上，一路緩坡爬升到35公尺高的公園，仲夏時節樹蔭、長椅、草皮滿滿是乘涼的旅人，深秋多是遛狗

▲奇岩公園入口

漫步的居民。靠河岸的露台居高臨下，可眺望隆河、亞維儂斷橋及對岸的教皇新堡。順著左方的階梯一路可以下到隆河畔，再從圓塔右手邊的出口出來即可看到斷橋。

- ✉ 2 Montée des Moulins, 84000 Avignon
- ☎ +33 4 90 80 80 00
- ⏰ 週一～六07:30～18:30，週日休
- 💲 免費

▲隆河秋景

▲巨岩下方就是斷橋

豆知識

A.亞維儂城牆

1309年教宗開始改在亞維儂主持教務，又正值英法百年戰爭，所以於1355～1372年建了全長4.33公里的城牆以防禦戰火，共有13個城門，39個瞭望台。MAP P.133／B2

▲ 城牆上同時可見新舊石塊

B.石雕博物館Musée Lapidaire

位在共和街上，是棟巴洛克建築，立面的樓層交接處是凹進去凸出來的不連貫的曲線，蝸牛、貝殼也來湊熱鬧，造成視覺躍動感。隨著新教興起，舊教為了吸引教徒，透過強烈手法，讓人不看到教堂都很難。MAP P.133／C3

▲ 原為巴洛克教堂的石雕博物館

C.亞維儂藝術節 Festival d'Avignon

1947年由導演Jean Vilar發起，最初以實驗性、創新的戲劇為主，陸續加入音樂、舞蹈等。每年舉辦日期不一，但大約都是從7月初起為期3週，地點在老城區內的各大小劇院、劇場、教皇宮中庭、教堂、餐館等。並區分為內部(IN)由官方主辦，外部(OFF)則由劇團自理，二者舉辦日期相近約兩週重疊。由於人潮多務必留心扒手靠近。

▲ 演員來自2、30個國家

▲ 熱鬧的藝術節

▲ 滿城都是藝術節的海報

▲ 近年約有上千個表演團體參與藝術節

▲ 市區牆上有許多與藝術節相關的壁畫

玩樂篇

交通設施

亞維儂高鐵車站
Gare d'Avignon TGV
友善車站　　　　　　　　　MAP P.133／D1

▲ 亞維儂高鐵站明亮的大廳

　　位在亞維儂西南方公里，2001年啟用，玻璃帷幕的長形圓弧拱頂是車站最大特色。本站主要行駛TGV，前往馬賽、尼斯方向的TGV請由此出發。北出口(Sortie Nord)左前方是公車站，對面是計程車站與租車中心。

✉ Gare Tgv Place De L'europe, 84000 Avignon
📞 +33 8 92 35 35 35
🕐 週一～四05:30～23:30，週五04:30～00:15，週六05:30～23:45，週日及假日06:10～00:15

▲ 購票中心

▲ 租車中心(北口)

亞維儂市區火車站
Gare d'Avignon Centre
功能齊全的火車站　　　　　MAP P.133／D3

　　2016年剛整修，本站亦停靠少數來自巴黎TGV，前往馬賽的TER請由此出發。火車站出口只有一個，大門左前方是計程車站，右前方是Ibis飯店與公車總站，左手邊是Grand Hôtel及Novotel飯店。步行至遊客中心約5～7分鐘。

✉ Blvd. Saint-Roch, 84000 Avignon
📞 +33 8 92 35 35 35
🕐 週一～五04:30～23:30，週六、日及假日05:00～23:30

▲ 亞維儂市區火車站外觀，車站內有麵包店、書局、洗手間在2號月台

亞維儂公車總站
Gare Routiere PEM Avignon
串連沃克呂茲省大小村落　　MAP P.133／D4

　　從市區火車站右前方步行3分鐘可達，入口在Ibis飯店下方，進大門即可看到售票櫃檯、電子看板、時刻表、路線圖可從架上自取或跟櫃檯拿，月台在外面停車場，標示非常清楚。

✉ 5 Avenue Monclar, 84000 Avignon
📞 +33 4 90 82 07 35
🕐 週一～六06:00～20:30，週日及假日07:00～20:30；櫃檯：週一～六07:00～19:30，週日休
🌐 www.pemavignon.fr

▲ 公車總站外觀

亞爾
Arles

穿越時空的高盧人小羅馬。

羅馬帝國留下龐大建築遺產,至今依然鎮坐老城,梵谷在此注入強烈情感的無價畫作,卻散落在世界各地。當我們循著腳底的石板路,不經意發現許多的純樸巷弄,試著以懷舊的心,去感受這個魅力永不消退的普羅旺斯小鎮。

▲ 亞爾國際攝影節為亞爾注入文創活力

▲ 穿越舊城門進到小鎮

▲ 位在共和廣場上的噴泉

▲ 怡然的生活步調日復一日

▲ 鬥牛壁畫

▲ 路牌上同時標示著新舊路名

玩樂篇

如何抵達

公車	火車	前往梵谷名作景點「隆河星空下」
搭18號公車 (Ligne 18)約80分鐘。	從亞維儂市區火車站出發約19分鐘。	出火車站左轉往南下坡來到圓環約5分鐘(對面的舊城門即老城入口),或由密斯特拉學院前右轉往西即可到「隆河星空下」。

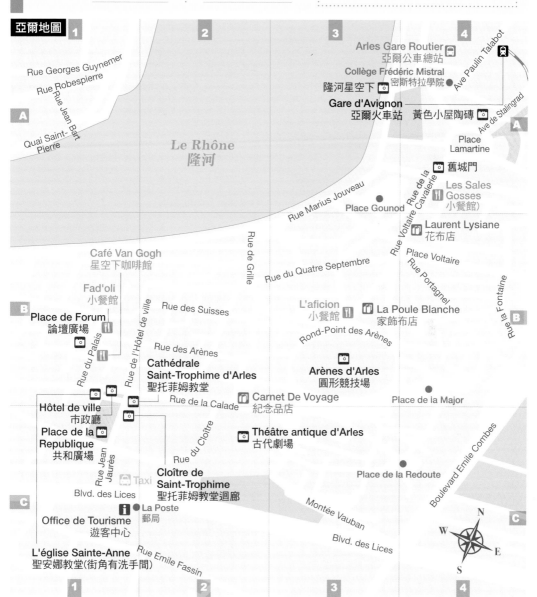

亞爾地圖

1 **2** **3** **4**

Rue Georges Guynemer

Rue Robespierre

Rue Jean Bart

Arles Gare Routier
亞爾公車總站

Collège Frédéric Mistral
密斯特拉學院

隆河星空下

Ave Paulin Talabot

Gare d'Avignon
亞爾火車站　黃色小屋陶磚

Quai Saint-Pierre

A

Le Rhône
隆河

Ave de Stalingrad

Place Lamartine

舊城門

Rue Marius Jouveau

Place Gounod

Rue de la Cavalerie

Rue Voltaire

Les Sales Gosses
小餐館)

Laurent Lysiane
花布店

Rue de Grille

Café Van Gogh
星空下咖啡館

Rue du Quatre Septembre

Place Voltaire

Rue Portagnel

Rue de la Fontaine

Fad'oli
小餐館

Rue de l'Hôtel de ville

Rue des Suisses

L'aficion
小餐館

Rond-Point des Arènes

La Poule Blanche
家飾布店

B

Place de Forum
論壇廣場

Rue du Palais

Rue des Arènes

Cathédrale Saint-Trophime d'Arles
聖托菲姆教堂

Rue de la Calade

Carnet De Voyage
紀念品店

Arènes d'Arles
圓形競技場

Place de la Major

Hôtel de ville
市政廳

Place de la Republique
共和廣場

Rue du Cloître

Rue

Théâtre antique d'Arles
古代劇場

Place de la Redoute

Boulevard Emile Combes

C

Rue Jean Jaurès

Taxi

Blvd. des Lices

Cloître de Saint-Trophime
聖托菲姆教堂迴廊

La Poste
郵局

Montée Vauban

Office de Tourisme
遊客中心

L'église Sainte-Anne
聖安娜教堂(街角有洗手間)

Rue Emile Fassin

Blvd. des Lices

N
W E
S

1 **2** **3** **4**

我是這樣玩

小鎮規畫為兩大主題,梵谷的創作足跡與羅馬建築遺跡。景點互為穿插以方便遊覽動線。

火車站 → 隆河星空下陶磚(15分鐘) →

經入舊城門 → 圓形競技場(30～60分鐘) →

古代劇場(15分鐘) → 共和廣場(15分鐘) →

聖托菲姆教堂(15～30分鐘) →

教堂迴廊(30分鐘) → 穿過市政廳前後門 →

論壇廣場、星空下咖啡館(15分鐘) →

黃色小屋陶磚(5分鐘) → 火車站

＊括號內為建議停留時間

▲梵谷作品《黃色小屋》被製成陶磚立於原始景點前方

▲當地旅行紀念品五花八門,尤其梵谷複製作品隨處可見

景點介紹

隆河星空下
Starry Night Over the Rhône
梵谷名作景點① MAP P.141／A3

提起亞爾總讓人想起梵谷,他在1888年2月從巴黎搭著火車南下來到亞爾定居,14個月的生活不僅激發其無比的創作力,更是繪畫生命中最精采、作品數量最驚人的時期。眼前橫越隆河的橋已今非昔比,唯其作品以陶磚立於當年作畫的河岸見證過往。從火車站步行至此約7分鐘。

▲梵谷擅長以黃、藍與黑構成夜色

圓形競技場 Arènes d'Arles
規模排名世界第12,保存狀況良好 MAP P.141／B3

進入老城之後的第一個重量級景點就是圓形競技場,此建於西元80～90年之間,原為3層拱門現僅存2層,合計120個拱門。圓形競技場當時為殘忍又野蠻的娛樂場所:角鬥士格鬥,中世紀建了4座塔樓(目前僅剩3座),裡外緊貼著200間擁擠房舍,眼看競技場幾被吞沒,直到1840年拆除才得以重見天日,並列為法國文化古蹟,1981年列為世界文化遺址。如今每年9月仍舉辦普羅旺斯式鬥牛。

✉ Rond-Point des Arènes, 13200 Arles
☎ +33 4 90 49 38 20
🕐 4、10月09:00～18:00,5～9月09:00～19:00,11～3月10:00～17:00,以上期間每日開放,但1/1、5/1、11/1、12/25及少數休假日休息
💲 全票9€(7～8月多1€)
http www.arlestourisme.com

▲登上塔樓將市區與隆河盡收眼底

▲1888年梵谷曾畫下競技場,是其少有的建築物畫作

▲2006年起陸續修復,以雷射清除污垢

玩樂篇

古代劇場
Théâtre antique d'Arles
超過兩千歲的露天劇場　　MAP P.141／C2

完工於西元前12年(奧古斯都時期)，如今已面貌全非，徒留兩根科林斯柱，低語訴說著古老歷史，每年在此舉辦的夏日音樂會，讓古蹟不與現代生活脫節。如果不受沿途店家誘惑，從圓形競技場步行過來約3分鐘。

✉ Rue de la Calade, 13200 Arles
☏ +33 4 90 49 59 05
🕐 4、10月09：00～18：00，5～9月09：00～19：00，11～3月10：00～17：00，以上期間每日開放，但1/1、5/1、11/1、12/25及少數休假日休息
💲 全票9€(7～8月多1€)

▲ 兩根科林斯石柱又稱兩寡婦

共和廣場
Place de la Republique
歷史建築圍繞　　MAP P.141／C1

建於15世紀的長形廣場，當面對中央的方尖碑，北面是建於1676年的市政廳，大廳階梯上方有亞爾的維納斯複刻版(Vénus d'Arles)，本尊則被放置在羅浮宮；東面是聖托菲姆教堂；西面是建於17世紀的聖安娜教堂(L'église Sainte-Anne)。由古代劇場步行過來約3分鐘。

▲ 聖安娜教堂(左)古典風格的正門，與聖托菲姆教堂(右)側門相呼應。圖中為方尖碑與市政廳

聖托菲姆教堂
Cathédrale Saint-Trophime d'Arles
最後審判精美石雕　　MAP P.141／B1

原為羅馬浴場遺址，5世紀建教堂，西元1152～1180年重建後更名聖托菲姆。高度與內部偏仿羅馬式，教堂正立面是哥德風格，中間坐著耶穌，被聖馬

▲ 聖托菲姆教堂正門

可之獅、聖彼得之牛、聖約翰天使、聖保羅之鷹所圍繞，左下方一群身著長袍的人們走向耶穌，代表將上天堂報到，因空間不夠，大天使聖米歇爾用秤評量好人與壞人的雕刻則被放在左側。(Data見下頁聖托菲姆教堂迴廊)

▲ 蛇誘惑夏娃偷嚐禁果

▲ 腰繫鐵鍊的罪人排隊下地獄

聖托菲姆教堂迴廊
Cloître de Saint-Trophime
羅馬與哥德的混搭風格 MAP P.141／B1

　　建於12與14世紀的長方形迴廊，相連的東、北邊是仿羅馬風格，呈現半圓形拱頂與圓形拱柱，斜對角的西、南面則是屬於哥德風格的勒稜拱頂與尖形拱柱，兩者的柱頭雕刻各有精采之處。當陽光照入時，會產生光影變化，形成頗有意境的取景之處。

✉ 6 Place de la République, 13200 Arles
☎ +33 4 90 49 38 20
🕐 4、10月09：00～18：00，5～9月09：00～19：00，11～3月10：00～17：00，以上期間每日開放，但1/1、5/1、11/1、12/25休息
💲 全票5.5€(7～8月多1€)

▲ 迴廊內的光影迷人

▲ 迴廊長28公尺、寬25公尺

星空下咖啡館
Café Van Gogh
梵谷名作景點② MAP P.141／B1

　　從市政府前門進、後門出，左轉後第一個巷口右轉，即可來到右側的星空下咖啡館。廣場中央的綠色雕像：普羅旺斯著名詩人密斯特拉(Mistral)，面向古羅馬論壇廣場(Place de Forum)斷垣殘壁。從共和廣場步行過來約3分鐘。

▲ 實景與名作相呼應　　▲ 星空下咖啡館的陶磚
　　　　　　　　　　　　　就立在實景的左前方

🫘 豆知識
認識仿羅馬式教堂

　　盛於11～12世紀的仿羅馬式教堂，建築元素與羅馬帝國時期雷同，為了有所區別而有此名稱。普羅旺斯的仿羅馬式教堂，高度通常為3～5層樓，外觀是圓形拱門、拱窗，由於對外窗戶少且小，戶外陽光不易進入，所以走進教堂內部常覺得光線變暗了，抬頭會看到半圓形的拱頂，也就是把水桶切一半的形狀。

▲ 半圓形的拱頂與拱門，都是仿羅馬式建築特徵

Les Sales Gosses

　　讓人感到輕鬆的用餐空間，從許多細節如自製醃橄欖、特選的茴香酒、菜單的設計等等，都能感受到老闆的用心，其中普羅旺斯羊排(L'Agneau de Provence)、卡馬格公牛肉(Le Taureau de Camarque)、卡馬格羊乳酪都是在地料理。

✉ 9 Rue de la Cavalerie,
13200 Arles
☎ ＋33 6 65 49 33 42
🕐 午餐：週二～六12：00
～14：30，晚餐：週一～
日19：00～22：00
💲 主菜15€起
MAP P.141／A4

▲ 普羅旺斯風味的羊排

L'aficion

　　在圓形競技場入口正對面，以法式輕食為主，菜單包含法式蛋捲(Omelette)、法式土司(Croque Monsieur)、披薩以及豐盛的沙拉，也可外帶飲料跟冰淇淋，店家上菜的速度在法國來說算是快，從點菜到用完餐約60分鐘，洗手間在2樓。

✉ 33 Rue de l'Amphithéâtre, 13200 Arles 🕐 一般
用餐時間皆有營業 💲 主菜15€起 MAP P.141／B3

▲ L'aficion坐落在這棟3層樓的古樸房子裡

▲ 坐在戶外用餐區，即可欣賞圓形競技場的部分外觀

▲ Les Sales Gosses店家門口種著葡萄樹

Fad'oli

　　全店的主角是以橄欖油調製的沙拉，口味選擇多，對女生來說這一大盤應付中餐足矣，也可以選擇沙拉三明治，可內用或外帶。

✉ 44 Rue des Arènes, 13200 Arles
☎ ＋33 4 90 49 70 73
🕐 每日12：00～00：00
💲 10€起 MAP P.141／B1

▲ 店門口色彩鮮豔

▲ 豐盛的沙拉讓人食指大動

Laurent Lysiane 花布店

兩代經營的傳統普羅旺斯花布店，販售各種尺寸的桌布、化妝包、手提袋等，母女堅持用裁縫車慢工出細活，價格平易近人，剪布以1公尺起跳，也可當場挑布車縫簡易製品。

✉ 13 Rue Voltaire, 13200 Arles
☎ +33 4 90 18 20 02
🕐 每日09：00～12：00，14：00～19：00
💲 5€起
🌐 www.grossiste-laurent-lysiane.fr
📍 P.141／B4

La Pouleblanche 家飾布店

老闆娘同是愛縫一族，零錢包、化妝包、長條形薰衣草香包走時尚路線，質感不同價位稍高。

✉ 55 Rue Voltaire, 13200 Arles
☎ +33 4 90 96 56 41
🕐 週一～六10：00～12：00，14：00～18：00，週日休
💲 10€起　📍 P.141／B3

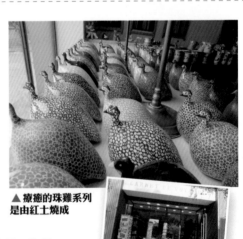

Carnet de Voyage 紀念品店

從店內寄賣品能感受店家品味，巴斯克風格直線條餐墊、桌巾、零錢包、手提袋、側背包，還有普羅旺斯手帳本，值得一提的是也有販售在地陶藝家作品——尼姆地區呂桑(Lussan)的珠雞系列。另外德龍(Drôme)彩繪杯、盤、碗，與法國西南部塔恩(Tarn)的素陶製品，都可安心用於瓦斯爐、烤箱等。

▲ 療癒的珠雞系列是由紅土燒成

✉ 4 Bis Rue de la Calade, 13200 Arles
☎ +33 4 90 96 17 95
🕐 3～10月每日09:00～19：00，11～2月每日09:30～17：30
💲 5€起　🌐 www.terres-et-toiles.com　📍 P.141／B2

交通設施

亞爾火車站 Gare d'Arles
步行至市中心約15分鐘　　MAP P.141／A4

　　建於1848年，小而美且功能齊全的火車站，城際列車(IC)、區間列車(TER)與TGV皆有停靠。由此步行至隆河星空下景點約7分鐘。

✉ Avenue Paulin Talabot, 13200 Arles
☎ +33 8 90 39 10 95
🕐 每日05:30～23:00
🌐 www.gares-sncf.com/fr/gare/frhza/arles

亞爾公車總站
Gare Routiere d'Arles
只有路邊公車亭　　MAP P.141／A4

　　位於背對火車站大門的11點鐘方向。公車行駛路線主要連結隆河口省的大城小鎮，如雷伯、馬賽、艾克斯普羅旺斯、及卡馬格地區，上車購票即可。

✉ Avenue Paulin Talabot, 13200 Arles (地址同火車站)
☎ +33 04 90 49 38 01

玩樂篇

豆知識
克莉斯提安‧拉垮 Christian Lacroix

　　法國時尚設計師，亞爾人。成名於巴黎並在36歲自立工作室，用色大膽具創意，作品不限於高級訂製服，2007年TGV東線開跑，車廂內部裝潢出自大師之手，頭等艙的灰與綠，普通艙的紫與橘，讓搭火車多了視覺饗宴。

▲TGV座椅線條流暢優雅，車箱裝潢由克莉斯提安‧拉垮設計

路上觀察
亞爾國際攝影節 Les Rencontres d'Arles

　　自1970年以來，每年7～9月下旬，將近3個月的展期，來自全球未公開的作品，透過展覽或是研討會，在畫廊、博物館、迴廊、小教堂、法國國鐵工場等二十來個場所舉辦，認真看完得要花上一週。

▲亞爾國際攝影節每年以不同的動物為海報主角

雷伯
Les-Baux-de-Provence

法國TOP 5熱門景點。

雷伯位在隆河口省的阿爾庇爾高地(Massif des Alpilles)，平均高度300公尺，最高峰498公尺。綿延25公里的石灰裸岩地質甚為壯觀，老城內一幢幢民宅、街道皆就地取材打造，整座村落就奠基在巨大岩層之上，高踞山頭的氣勢非凡，早就名列法國百大美村。

▲ 法國百大美村
(Les Plus Beaux Villages)標示

▲ 雷伯的地質決定村落的命運

如何抵達

公車

59號公車(Ligne59，方向：Saint Rémy de Provence)，亞爾公車總站Gare Routière上車，Les Baux下車，約35分鐘，步行800公尺。

自駕

距亞爾大約20公里、亞維儂大約30公里。

我是這樣玩

此篇重點放在光影採石場，建議以此為優先參觀，若有多餘時間可由此步行10分鐘到雷伯小村走走，老城入口只有一個，進城後一路上坡，沿途有許多紀念品店家、小餐館，旅遊旺季人潮眾多，若開車來只能停在村外的停車場。

▲ 雷伯老城由石灰岩打造而來

玩樂篇

景點介紹

光影採石場 Carrières de Lumières
多媒體的奇幻之旅

　　2012年開幕的「光影採石場」，從零到有的創意，結合歷史名畫、聲光、影音、動畫的新體驗，讓原本毫無生氣的採石場，躍升為亮眼的藝術殿堂，也讓看過的人既感動又震撼。

▲ 光影採石場入口

▲ 每年有不同的展覽主題

　　原為石灰岩採石場，一戰後鋼筋混凝土日漸取代石頭，1935年關閉後徒留空蕩的場區，然經切割的巨石呈現出造境之美，1959年尚‧考克多(Jean Cocteau)獨具慧眼，在此拍攝黑白電影《奧菲的遺言》(Le Testament d'Orphée)，此後常作為影音展覽，直到近年交由博物館私營業者統籌，並由義大利知名舞台大師吉恩法蘭柯‧伊恩努茲(Gianfranco Iannuzzi)規畫，將冰冷石灰岩場重新賦予生命。

▲ 採石場內部

▲ 採石場外觀

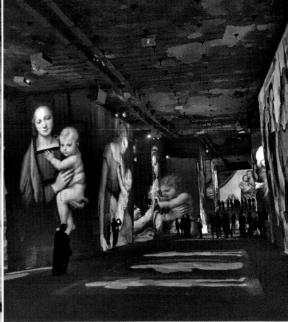

▲ 作品生動躍上石壁，由近而遠，由遠而近

▲ 上百支投影機合作無間,重新打造採石場

放映方式

　　一開始置身在暗不見五指空間,再眨眼名家畫作已被投影在10～15公尺的高牆,瞬間拔地參天好似走入巨人國,觀賞的人們變成會移動

▲ 細微之處一覽無遺

的小剪影,隨著石壁上的圖像與光影變化好奇探索著。

歷年主題

　　2012年3月開幕,人們在《梵谷自畫像》睽睽之下,踩著他的金黃色麥田;2013年莫內的《蓮花池》鋪天蓋地而來,此後米開朗基羅、拉斐爾、夏卡爾、克林姆等大師紛紛前來共襄盛舉,帶動藝術的想像空間無限延伸。2018年則以畢卡索與西班牙大師為主題《Picasso et les maîtres espagnols》。你

▲ 米開朗基羅經典名作《創世紀之創造亞當》

是否也準備好去觀賞了?

▲ 2017年波希、布勒哲爾、阿爾欽博托的異想世界

✉ Route de Maillane, 13520 Les Baux-de-Provence
📞 +33 4 90 54 47 37
🕐 4～6月及9～10月09：30～19：00,11～1月及3月10：00～18：00,7～8月09：30～19：30,以上期間每日開放
💲 全票12.5€
🌐 carrieres-lumieres.com/fr/home
❓ 夏日場內溫度亦偏低,請帶薄外套,每場所需時間約45分鐘

玩樂篇

碧泉村
Fontaine-de-Vaucluse

仲夏沁涼的泉水與蟬聲綿綿斷不了。

全法國最大湧泉所在地，平均每秒流量22立方公尺，未經汙染的泉水是索爾格河(La Sorgue)源頭，之所以終年有著碧綠流水，正因河床肥美的水草投射出綠寶石般的閃亮色澤。

▲ 1946年村名才加入Fontaine，意指沃克呂茲的泉源

 如何抵達

公車

自駕最方便。若要從亞維儂搭公車，直達車目前只有07S3號線(Ligne07S3)，車程約55分鐘，去程班次12:15出發，13:10抵達，但不是天天有，出發前可先到亞維儂公車總站確認。或是先搭6號公車到索爾格島，轉小巴21號線或計程車。

亞維儂6號公車(Ligne 6)

方向：往索爾格島(L'Isle-sur-la-Sorgue) 上車處：亞維儂公車總站(Gare Routiere PEM Avignon) 轉車處：索爾格島(站名Robert Vasse) 下車處：碧泉村市中心站(Fontaine-de-Vaucluse Centre) 資訊：亞維儂到索爾格島行車約45分鐘，由此轉小巴21號(往Coustellet方向)，約15分鐘可達(但非每天有，時刻表也可能調整，出發前請確認)。下車後向前直走經花布店與羅馬式小教堂，步行約3分鐘即到村莊入口圓環

碧泉村地圖

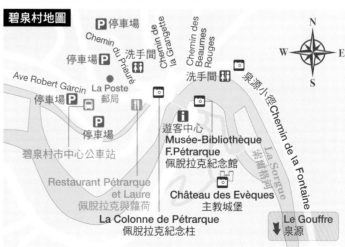

P 停車場
Chemin du Prieuré
Chemin de la Grangette
Chemin des Beaumes Rouges
停車場 P 洗手間
洗手間
泉源小徑 Chemin de la Fontaine
Ave Robert Garcin La Poste
停車場 P 郵局
遊客中心
Musée-Bibliothèque F.Pétrarque
佩脫拉克紀念館
P 停車場
碧泉村市中心公車站
Restaurant Pétrarque et Laure
佩脫拉克與蘿荷
Château des Evèques
主教城堡
La Colonne de Pétrarque
佩脫拉克紀念柱
La Sorgue 索爾格河
Le Gouffre
泉源
N W E S

我是這樣玩

　　重點在於感受活泉的洗滌，至於能否走到源頭不需強求。想避開人潮可過橋，對岸有佩脫拉克紀念館及河畔公園；或小教堂旁的露天水車餐館，聆聽泉水與蟬之交響曲。

▲ 碧泉村市中心站，公車在此下車

▲ 看到水道橋代表碧泉村就要到了

▲ 橋的另一頭是遊客中心

景點介紹

佩脫拉克紀念柱
La Colonne de Pétrarque
人文主義之父心繫於此　　🅜ᴀᴾ P.151

　　文藝復興時期，義大利桂冠詩人佩脫拉克(Francesco Petrarch)，曾於1339～1353年在村裡生活，並將對蘿荷(Laure)的愛慕情懷寄託於山水，寫了366首14行詩，1804年為了紀念詩人500歲誕辰，在村莊入口的圓環立起20公尺高的紀念柱。陶醉於清麗美景的詩人不只佩氏，薄伽丘(Giovanni Boccaccio)、18～19世紀詩人夏多布里昂(Francois-René de Chateaubriand)、19～20世紀密斯特拉(Frédéric Mistral)、20世紀法國詩人夏爾(René Char)，皆透過詩詞留下見證。

▲ 圓環也是村莊入口

泉源小徑
Chemin de la Fontaine
長約2公里的散步道　　🅜ᴀᴾ P.151

　　沿著索爾格河而行，左側多為紀念品店與外帶三明治，右側是一家家餐館，每間各有河畔景觀或露天座位，愈到後面店家愈少。接著來到長方形的露台，由此可抬頭看到對岸的主教城堡廢墟。

　　再往下走就是索爾格河親水岸邊，炎炎夏日許多遊客會坐在這裡野餐、泡腳，近距離看著水草翩然起舞。此後步道轉為崎嶇山路，往上走約20分鐘可抵達索爾格河源頭，此處曾崩塌過，昔日高水位時期還看得到石灰岩洞裡的泉水。

▲ 泉源小徑入口　　　▲ 長形露台

▲ 站在這裡親自感受水流驚人動力

▲ 順著水流搖曳的水草，舞動　▲ 夏日沁涼的野餐
之姿美得讓人驚嘆

玩樂篇

佩脫拉克紀念館
Musée-Bibliothèque François Pétrarque
情繫六百多年的人文精神
MAP P.151

後世許多詩人如夏多布里昂、喬治桑(Georges Sand)、斯湯達爾(Stendhal)等人，以朝聖的心來到這當年佩脫拉克住過的房子，為延續這份精神，在1927年慶祝佩脫拉克600歲生日，特選此屋作為詩人們聚會交流所在，之後即成為現今的博物館。

位於左岸的博物館也具有圖書館功能，珍藏古早的印刷書籍、肖像畫、書信、手稿等，並有夏爾詩歌集相呼應，也不定期以文學、藝術家專題舉辦展覽，延續人文創作精神。

✉ Rive gauche de la Sorgue, 84800 Fontaine-de-Vaucluse
☎ +33 4 90 20 37 20
🕐 4/1～10/31 13:00～18:00，5/1休館
💲 全票3.5€，每月第一個週日免費

主教城堡
Château des Evèques
卡瓦雍大主教的夏宮
MAP P.151

建於1030年的城堡易守難攻，位在碧泉村的制高點，今日所見廢墟是13世紀的遺跡，旅遊服務中心旁有步道可達，循著當年佩脫拉克與大主教卡巴所(Cabassolle)的足跡，循次漸高眺望潺潺溪水。

✉ 1 Avenue François Pétrarque, 84800 Fontaine-de-Vaucluse

▲ 高踞山頭的城堡如今徒留一片斷牆

📖 店家資訊

Restaurant Pétrarque et Laure

以佩脫拉克與蘿荷為名的餐廳，供應沙拉、披薩、法式餐點等，餐廳靠河的露天座位就在水車的旁邊。

✉ Place de la Colonne, 84800 Fontaine-de-Vaucluse ☎ +33 4 90 20 31 48 🕐 每日12:00～14:00，19:00～21:00 💲 單點12.5€起，套餐20€起 🌐 petrarque-et-laure.com MAP P.151

▲ 餐廳露天座位旁有個水車，在16世紀具有造紙的用途

▲ 博物館的戶外花園(圖片提供／Penny KUO)

尼斯 Nice

住著義大利色彩精靈的美麗海岸城市。

於 1860年併入法國之前，尼斯從內到外都飄盪著義式氣息，如今老街裡可見民宅、教堂、小吃店，深綠百葉窗鑲在繽紛外牆，衣褲、被單大剌剌晾在窗檯，空氣中瀰漫著南法義風；不遠處的天使灣浪花拍打著鵝卵石，潮浪聲、棕櫚樹、陽光與藍天譜出無可取代的歡愉氣息。

▲ 老街裡常見陽台上曬著被單

▲ 英人散步道的自由氣息

▲ 《與尼斯對話》的7尊人像在夜裡閃爍著光芒

如何抵達	飛機	火車	自駕
	從戴高樂機場搭機約1小時30分。	從亞維儂搭直達TGV約2小時56分，從巴黎搭直達TGV約5小時45分，從戴高樂機場搭直達TGV約6小時30分。	從亞維儂開車約262公里，車程約3小時。

玩樂篇

尼斯地圖 1

往**Musée Matisse**
馬蒂斯美術館

Musée National Marc Chagall
夏卡爾美術館

Ave Mirabeau

China Fast Food
中式快餐

Rue Marceau

Rue Rouget de l'Isle

Voie Pierre Mathis

Gare de Nice Ville
尼斯火車站

Gare Thiers
火車站

Rue Assalit

Rue Pertinax

Taxi
公車售票處

Rue de Belgique

Rue de Paris

Mad'in Viet
越南小館

Rue de Paris

Ave Notre Dame

La Poste
郵局

La Poste
郵局

MONOPRIX
超市

Rue Biscarra

購物中心

Jean Médecin
珍梅德森大道站

Rue Paul Déroulède

Avenue Jean Médecin
珍梅德森大道

Rue Pastorelli

Place Masséna
馬塞納廣場

Rue Gubernatis

Blvd. Victor Hugo

Rue Alphorre

La Fayette
老佛爺百貨

Rue du Lycée

Lycée Masséna
馬塞納高中

Rue du Maréchal Joffre

Restaurant Vegan
素食餐館

Masséna
馬塞納站

Rue Gioffredo

Cathédrale-Vieille Ville
大教堂-老城站

Rue de la Liberté

馬塞納街 Rue Masséna

Ave Félix Faure

La Pizza Cresci Nice
義式小館

Opéra-Vieille Ville
歌劇院-老城站

Blvd. Jean Jaurès

Cathédrale
Sainte-Réparate de Nice
聖蕾巴哈特大教堂

Ave de Verdun

To Hôtel Negresco
往內格黑斯哥大飯店

Promenade des Anglais
英人散步道

Cours Saleya
薩雷亞廣場

Quai des Etats-Unis
美國堤岸

Méditerranéen
地中海

老街區地圖

藥房

Cathédrale-Vieille Ville
大教堂-老城站

Lou Pilha Leva
尼斯小吃

Cathédrale
Sainte-Réparate
聖蕾巴哈特大教堂

Fenocchio
冰淇淋店

olive & artichaut
橄欖與朝鮮薊

Stuzzico
義式小館

Chapelle de
la Miséricorde
慈悲禮拜堂

花市

Chez Theresa Socca
鷹嘴豆餅攤位
(薩雷亞廣場)

Cours Saleya
薩雷亞廣場

Quai des Etats-Unis
美國堤岸

Méditerranéen
地中海

N W E S

我是這樣玩

通常在尼斯會入住火車站附近的飯店，先check in放大行李，再搭輕軌到老街，由此展開行程；並視上午或下午時段將景點彈性調整。對美術館有興趣的人，可前往城市北邊去逛逛。

上午抵達

飯店 → 搭輕軌在大教堂-老城站(Cathédrale-Vieille)下車 → 薩雷亞廣場市集(60分鐘) → 聖蕾巴哈特大教堂、吃冰淇淋(45分鐘) → 美國堤岸(30分鐘) → 英人散步道(30～60分鐘) → 馬塞納廣場(60分鐘) → 珍梅德森大道(60分鐘) → 飯店

下午抵達

飯店 → 搭輕軌在大教堂-老城站(Cathédrale-Vieille)下車 → 聖蕾巴哈特大教堂、吃冰淇淋(30分鐘) → 薩雷亞廣場(15分鐘) → 美國堤岸(30分鐘) → 英人散步道(30～60分鐘) → 馬塞納廣場(30分鐘) → 珍梅德森大道(30分鐘) → 飯店

＊括號內為建議停留時間

▲ 老城入口：自火車站搭程輕軌，在大教堂-老城站下車後向前走即看到藥局，由此巷口進入約2～3分鐘可到大教堂

景點介紹

珍梅德森大道
Avenue Jean Médecin
尼斯流行指標　　　　　　　　　　MAP P.155／C2

從火車站附近一路往南延伸至馬塞納廣場的商業大道，同時也是輕軌路線，沿途有飯店、餐廳、麥當勞、流行服飾Zara、H&M等、大超市Monoprix、購物中心Etoile、拉法葉百貨，讓全世界旅人買得開心愉快。

▲ 市區購物中心

🅱 豆知識

《L'amorse du bleu》藍色起點

2007年因輕軌完工，嘉年華會花車遊行路線也隨之改道，科薩雷(Yann Kersalé)的裝置藝術作品《L'amorse du bleu》取而代之，他是法國燈光視覺專家，以迷濛的藍色LED線條在夜間使城市變臉，讓人感受生命的溫度。

▲ 夜色中的藍光與輕軌電車

玩樂篇

馬塞納廣場 Place Masséna
新城與老城的交界
MAP P.155／C2

　　北側是開闊的長形廣場，四周是搶眼的磚紅建築，7尊跪坐的裝飾人像在夜裡散發七彩光芒，不覺讓人抬頭與之對話；南側是半圓形廣場，噴泉池高7公尺的阿波羅雕像，正好與長形廣場上西班牙藝術家普蘭薩(Jaume Plensa)的作品《與尼斯對話》(Conversation à Nice)相呼應。

▲ 阿波羅專注欣賞著《與尼斯對話》

老街區 Vieille Ville (Old City)
在迷宮中尋寶
MAP P.155／老街區地圖

　　老街區主要座落在2個輕軌站之間：歌劇院—老城(Opéra—Vieille Ville)、大教堂—老城(Cathédrale—Vieille Ville)。一幢幢磚紅、鵝黃民宅亮眼吸睛；縱橫曲折的巷弄更是逛街尋寶的好地方：手工皂、橄欖木製品、花布餐墊、陶製杯碗、傳統餅乾、杏仁糕(Calissons)、糖漬水果(Fruit Confit)、橄欖巧克力(Olives au Chocolat)、牛軋糖(Nougat)等，也有許多餐館、小吃店、披薩店。

▲ 路牌上同時保留法文與尼斯方言(Niçois)　　▲ 綠色百葉窗散發著慵懶風情

聖蕾巴哈特大教堂
Cathédrale Sainte-Réparate de Nice
蘿賽提廣場(Place Rossetti)上的珍珠
MAP P.155／D3

　　一座大教堂的工程往往經歷數百年。這間教堂的主體建於1650～1699年，鐘樓在1757年完工，圓頂是18世紀流行的熱那亞風格，用了1萬4千片琉璃瓦，1830年加上立面鍍金，祭壇半圓形後殿完工於1903年；教堂內則有3座管風琴、10座祭壇，唯有親臨現場，才能感受宗教建築不再只是書本上的文字敘述。

　　在聖蕾巴哈特大教堂東北角，有家Fenocchio冰淇淋店，店裡有近百種口味，推薦哈密瓜、蘭姆酒、開心果、覆盆子，喜歡嘗鮮的人可試試橄欖、辣椒、百里香以及鹹的等口味，不吃冰的人在這裡都破戒了。

✉ 3 Pl. Rossetti, 06300 Nice ☎ +33 4 93 92 01 35 ⏰ 週二～日 09:00～12:00、14:00～18:00 🌐 cathedrale-nice.fr

Fenocchio ✉ 2 Pl. Rossetti, 06300 Nice ☎ +33 4 93 80 72 52 ⏰ 每日09:00～17:00 💲 3€起 🌐 www.fenocchio.fr MAP P.155／A4

路上觀察 聖蕾巴哈特巴洛克式內部

　　大教堂祭壇各以墨綠、玫瑰、青金藍等義大利大理石構成，地板是菱形黑白大理石，天花板的天使、花草雕刻，則是石膏工藝，目不暇給的巴洛克華麗感，無形中喚起人們的宗教情懷。

▲ 大教堂圓頂是熱那亞風格

▲ 尼斯主保聖人：聖蕾巴哈特

▲ 大教堂是尼斯軍事工程師Jean-André Guiberto的著名作品，立面上下左右各有4位大主教(教堂發起人)

薩雷亞廣場 Cours Saleya
熱鬧的長方形廣場
MAP P.155／D3

　　18世紀末為尼斯上流社會生活中心，散步、逛街購物、喝杯咖啡與名流擦身而過，1861年7月鮮花、蔬果市集正式開張，週二～日上午固定營業，至今仍是市民、大廚採購新鮮食材，及觀光客體驗在地市集的必訪景點。

▲ 每週一上午在此舉辦古董市集

▲ 慈悲禮拜堂(Chapelle de la Misricorde)就在薩雷亞廣場旁

> **貼心 小提醒**
>
> **逛市集注意事項**
>
> 　　在水果攤勿任意挑選水果，若有需要，先以您好(Bonjour)打招呼，再請老闆幫忙拿，並以歐元現金交易；拍照時務必注意不要影響攤家做生意，避免直接正面拍攝，最好要經過當事人同意為佳。

美國堤岸 Quai des Etats-Unis
浪花拍打鵝卵石
MAP P.155／D3

　　美國堤岸與英人散步道的海岸線一氣呵成，都是屬於天使灣(Baie des Anges)，前者靠近老城，後者綿延數公里直達機場。來到這裡千萬不能錯過鵝卵石海灘，夕陽日落時分更是迷人！

▲ 在天使灣等待旭日東升

▲ 連壁畫都散發著自由的氣息

英人散步道
Promenade des Anglais
棕櫚樹、碧海與藍天
MAP P.155／D2

　　終年陽光普照的尼斯，似乎只要來到這裡看著蔚藍大海，就能燃起人們對生命的熱愛，於是在18世紀吸引很多英國人來此度假療養，

▲ 難得清閒的時刻

並於1820年出資修築散步大道，今日是全民與觀光客最愛，溜冰、滑板、單車、嬰兒車、遛狗絡繹不絕。隨處可見的藍色座椅是免費的，但飯店或餐廳在海灘上的露天座位與洗手間則需消費才能使用。

▲ 散步道的地標：內格黑斯哥大飯店(Hotel Le Negresco)

> **豆知識 蔚藍海岸名稱由來**
>
> 　　源自1887年法國作家列嘉德(Stéphen Liégeard)，其《蔚藍海岸》(La Côte d'azur)的書名，法文azur意為藍色，作者曾在坎城過冬，滿眼的藍色海岸深得其心。

玩樂篇

馬蒂斯美術館 Musée Matisse
西米耶山丘(Cimize)上的17世紀建築 🗺 P.155／A2

　　馬蒂斯(Henri Matisse)在1916年來到尼斯,自此激發自由奔放的能量,色彩躍升為主角,扭曲變形的人體與不拘的線條,開創獨樹一幟的畫風,晚年的剪紙作品更是生命代表作,是少數在世即名利雙收的畫家。

📧 164 Avenue des Arènes de Cimiez, 06000 Nice
📞 +33 4 93 81 08 08
🕐 10：00～18：00(每週二、1/1、11/1、12/25休館,12/24、31營業至16:00)
💲 全票10€
➡ 從Gare SNCF(火車站正對面站牌)上車,搭乘17號線公車(Ligne 17),往Monastère／Cimiez方向,在Arènes／Musée Matisse下車,行車時間約28分鐘
🌐 museematisse.lenord.fr

▲ 磚紅色的熱那亞式別墅就是美術館

夏卡爾美術館
Musée National Marc Chagall
心跟著畫飛起來　　　　🗺 P.155／A3

　　夏卡爾,俄籍猶太血統的超現實主義畫家,35歲到法國發展,定居在普羅旺斯35年。畫作中的人與牛羊雞馬、小提琴、花束、教堂並不會安分待在地上,而是呈現漂浮狀態;色彩將畫面營造出夢境般的甜美,但本尊卻堅持這不是虛構,而是他的真實世界。另有12幅以《聖經》舊約的創世紀、諾亞方舟、出埃及記等題材的創作品。

▲ 夏卡爾的畫布總是洋溢幸福氣息

📧 36 Avenue Dr Ménard, 06000 Nice
📞 +33 4 93 53 87 20
🕐 5～10月10：00～18：00,11～4月10：00～17：00,(每週二、1/1、5/1、12/25休館)
💲 全票10€
➡ 從老佛爺百貨旁Rue Gioffredog的Masséna上車,搭乘15號線公車(Ligne 15),往Rimiez Les Sources方向,在Musée Chagall下車,行車時間約20分鐘
🌐 en.musees-nationaux-alpesmaritimes.fr/chagall/

行家祕技　　從馬蒂斯美術館到夏卡爾美術館

　　從尼斯火車站方向開過來馬蒂斯美術館的17號公車下車處,走到斜對面的西米耶大道(Bd de Cimiez),可搭乘15號公車(方向:往Deloye,在夏卡爾美術館Musée Chagall下車),車程約6分鐘。

▲ 15號公車站牌

▲ 售票與入口分開

火車站對面有許多簡易速食、中式餐館，老街的餐廳則偏向尼斯當地料理，義大利披薩也很常見。

中式快餐 China Fast Food

平價的亞洲快餐店，提供中式或泰式炒飯、炒麵、炒米粉、炒青菜、牛豬雞鴨等數十道家常菜。熱騰騰的湯麵在冬天裡是東方人的最愛；玻璃廚櫃內的菜色都是冷藏的，依法國規定此類熟食必須微波加熱才能販售。

✉ 30 Rue d'Angleterre, 06000 Nice
☏ +33 4 93 16 85 19
🕐 一般用餐時間皆有營業
💲 10€起
🗺 P.155／B2

越南小館 Mad'in Viet

同樣有熱食、雞豬牛等口味的湯河粉、炸春捲等的越式小餐館，口位稍鹹，店家座位不多，離火車站步行約7～10分鐘。

✉ 2 Place Saëtone, 06000 Nice
☏ +33 4 93 87 47 55
🕐 週四～二12:00～13:45，19:00～21:45，週三休
💲 10€起
🗺 P.155／B1

義式小館 La Pizza Cresci Nice

樓上樓下還有露天座位，是間座位超多的大餐館，提供各式披薩、義大利麵以及尼斯料理。

✉ 34 Rue Massena, 06000 Nice
☏ +33 4 93 87 70 29 🕐 每日11:30～01:00 💲 15€起
🌐 maison-cresci.fr 🗺 P.155／C1

▲ La Pizza Cresci Nice入口處可看到窯烤披薩

尼斯小吃 Lou Pilha Leva

在地的尼斯小吃店，尖嘴豆餅(La socca)、炸櫛瓜花(Fleur de Courgette)、炸茄子(Beignet de Légumes)、櫛瓜鑲肉(Courgette Farcis)等。輕軌下車後從藥局巷口進來1分鐘就會看到，大都為半露天座位，對面的店裡有室內座位及洗手間。

✉ 10 Rue du Collet, 06000 Nice
☏ +33 4 93 13 99 08
🕐 每日11:00～00:00
💲 15€起
🗺 P.155／A4

義式小吃 Stuzzico

強調家常披薩、斜管麵、比斯圖(Pistou)、醃漬家常小菜等，可內用外帶，現場座位少。

- 📧 4 Rue Saint-Gaëtan, 06000 Nice
- 📞 +33 4 93 92 70 42
- 🕐 一般用餐時間皆有營業
- 💲 10€起
- 🗺 P.155／B3

橄欖與朝鮮薊 Olive & Artichaut

總是高朋滿座的人氣餐館，服務生雖然忙碌不已但不失禮，可套餐亦可單點，若沒訂位，嘗不到的機率特別高，特別強調食材的新鮮與個性，除了包山包海的料理，該有的道地蔬菜也沒少。

- 📧 6 Rue Sainte-Reparate, 06000 Nice
- 📞 +33 4 89 14 97 51
- 🕐 週三～日12:00～14:00、19:30～22:00，週一、二休
- 💲 三道式套餐30€，可單點
- 🌐 oliveartichaut.com
- 🗺 P.155／A4

▲ Olive & Artichaut榮獲米其林指南超值餐廳 (Bib Gourmand) 的肯定

鷹嘴豆餅攤位 Chez Theresa Socca

Thérésa女士在薩雷亞廣場上的市集攤位。她從小姐時期一路走來，人們就是想親口品嘗她的鷹嘴豆餅，再次證明越單純的滋味越難忘。

- 📧 28 Rue Droite, 06000 Nice
- 🕐 週二～日09:30～14:00，週一休
- 💲 3€ 🗺 P.155／B3

素食餐館 Vegan Gorilla (Restaurant Vegan)

店內食材強調來自有機(BIO)農作物，菜單選擇不多，但每週常更新菜色。餐館內也有其它素食餐廳推薦的名片可自取，內部裝潢走木質調的現代風格。

- 📧 7 Rue du Lycée, 06000 Nice
- 📞 +33 4 93 81 32 98
- 🕐 週三、週日休，其它日期12:00～14:00、19:30～22:00
- 💲 15€起 🌐 www.restaurant-vegan.fr 🗺 P.155／C3

購物店家

大超市 MONOPRIX

✉ 30 Rue Biscarra, 06000
Nice ☏ +33 4 92 47 72 62
🕐 週一～五08:30～21:00、
週六09:00～21:30、週日
09:00～20:00 ➡ 輕軌珍梅
德森大道站 🌐 beta.
monoprix.fr MAP P.155／B2

老佛爺百貨
La Fayette

百年老店

✉ 6 Avenue Jean Médecin, 06000 Nice ☏ +33 4
92 17 36 36 🕐 週一～六09:30～20:00、週日11:00
～20:00 ➡ 輕
軌馬塞納站 🌐
www.galeriesla-
fayette.com/
magasin-nice
MAP P.155／C2

馬塞納街 Rue Masséna

🕐 一般購物店家：週一～六10:00～19:00、週日休；
餐館：週一～六11:30～22:00、週日休 ➡ 輕軌馬塞
納站 MAP P.155／C2

凡爾登大道 Ave de Verdun

🕐 街上店家
多為週一～
六10:00～
19:00、週日
休 ➡ 輕軌馬
塞納站出站
往南走 MAP
P.155／D2

交通設施

尼斯輕軌
Tramway de Nice
串連市區景點

　　銀色外型線條流暢的尼斯輕軌，輕盈
奔馳在市區，總共動用科薩雷（Yann
Kersalé）、普蘭薩 (Jaume Plensa)等13位國
際設計大師，為尼斯注入創意與活力。
目前只有1號線(T1)營運2號線預計2018年
12月通車，購票、搭乘方式，見P.78。

尼斯公車總站
Gare Routière Nice Côte d'Azur
連結周邊村落

　　公車總站位在輕
軌沃邦站(Vauban)，
購票、搭乘方式，
見P.81。

往公車總站

玩樂篇

尼斯火車站 Gare de Nice-Ville
功能齊全的都會型火車站

MAP P.155／B1

建於1867年，位在市區中央地帶。火車站出口右前方依序是PAUL、租車公司、計程車招呼站；左前方是遊客中心，步行3分鐘可到輕軌Gare Their站。

▲ 尼斯火車站站名NICE-VILLE

▲ 火車站外觀

▲ 火車站購票中心

▲ thellō售票機可購買(從馬賽到米蘭國際機場列車票

▲ 火車站前轉其他交通工具的指標

▲ 火車站大廳

▲ 火車站自動售票機

▲ 三明治麵包店

▲ 月台

▲ TAXI招呼站

濱海自由城
Villefranche-sur-Mer

地中海遊輪必泊名港。

櫛比鱗次的磚紅、粉橘、鵝黃民宅，依序從地中海岸向上延伸到山腰之間，正好在海灣處形成動人的義式小漁村。想要安靜的旅人自然會喜歡上這裡，人潮少了點，緩步慢行的街道巷弄多了些，好多角落可以看海，沒有多餘的排場，讓人直接了當與深藍大海對話。

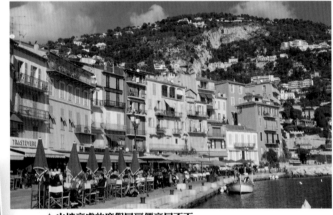

▲ 山坡高處的度假屋房價高居不下

▲ 深藍大海令人駐足

▲ 寧靜的港灣

玩樂篇

如何抵達

公車

搭乘100號公車(Ligne100，方向：Monaco，從尼斯舊港Le port上車，Octroi下車，每15分鐘一班，車程約20分鐘，下車後向前步行100公尺，右手邊即是遊客中心。

火車

從尼斯搭火車7分鐘抵達，下車後從月台旁邊的階梯下到海邊，再往老街前進。可搭火車來，換搭公車回尼斯，從不同角度看小鎮。

▲ 從尼斯來的公車下車站牌

▲ 遊客中心後方有洗手間

▲ 回尼斯的站牌就在來時站牌的斜對面

▲ 濱海自由城的火車站位在高處

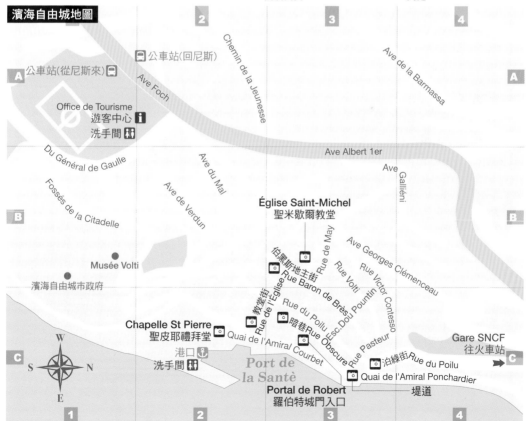

濱海自由城地圖

公車站(從尼斯來) 公車站(回尼斯)

Office de Tourisme
遊客中心
洗手間

Chemin de la Jeunesse
Ave de la Barmassa
Ave Foch
Ave Albert 1er
Du Général de Gaulle
Ave du Mal
Ave Galliéni
Fosses de la Citadelle
Ave de Verdun

Église Saint-Michel
聖米歇爾教堂

Musée Volti

濱海自由城市政府

Ave Georges Clémenceau
Rue de May
伯黑斯地主街 Rue Baron de Brès
Rue Volti
Rue Victor Contesso
Rue Dou Pountin

Chapelle St Pierre
聖皮耶禮拜堂

教堂街 Rue de l'Église
Rue du Poilu
暗巷 Rue Obscure
Rue Pasteur

港口
洗手間

Quai de l'Amiral Courbet

Gare SNCF
往火車站

泊綠街 Rue du Poilu

Quai de l'Amiral Ponchardier

Port de
la Santè

Portal de Robert
羅伯特城門入口

堤道

N W S E

我是這樣玩

　　坐山面海的老街區屬棋盤狀結構，橫向6條由低而高與海岸平行，縱向5條從右到左以石階串聯，任君隨性遊走。

景點介紹

堤道
Quai de l'Amiral Ponchardier
海濱賞景散步道
MAP P.165／C3

　　從火車站拾階而下直通海邊，左邊是停車場與沙灘，夏日有著戲水人潮，右手邊是通往港口與老街。沿著堤岸的路燈步道慢行，看著海面上停泊色彩鮮艷的大小船隻，旅人可在浪濤拍岸聲的陪伴下，悠閒欣賞散發義大利風情的漁村景致。

▲ 堤道上沿途餐館很多，是用餐休息的好去處

📖 店家資訊

遊客中心 Office de Tourisme

✉ Jardin François Binon, 06230 Villefranche-sur-Mer

📞 +33 4 93 01 73 68

🕐 6/15～9/15每日09:00～18:30、4/1～6/14、9/16～10/31週一～六09:00～12:30、14:00～17:30、1～3月、11～12月週一～六09:00～12:00、13:00～17:00

🌐 www.tourisme.fr/1399　**MAP** P.165／A2

 豆知識

濱海自由城深港
Rade de villefranche-sur-mer

　　長2.5公里、寬1.5公里的港灣，不僅是有名海軍深港，更是地中海遊輪熱門景點，20世紀中美國第六艦隊曾在此駐守。

靜靜品味漁村的一舉一動

羅伯特城門入口
Portal de Robert
濱海自由城的第一個門戶
MAP P.165／C3

　　建於14世紀，今日徒留建於1821年的小泉水口，及一旁的紀念石碑標示。從堤岸一路走來會經過好幾家海鮮餐館，當你看到一間名為L'oursin Bleu的海鮮餐館，城門入口就在它的左側。

▲ 城門由面對餐館的左側拱門而入

▲ 圖中為小泉水口，其右側為紀念石碑

暗巷 Rue Obscure
具防禦與軍事策略功能
MAP P.165／C3

　　長達130公尺，建於1260年的連續拱廊建築，當時主要是讓執勤的哨兵站崗。其中有幾間地窖是用來圈養驢子和山羊，因長年暗不見天日，走在昏黃燈光之中，會讓人誤以為回到中世紀。

▲ 暗巷位在堤岸上來的第一條街

泊綠街 Rue du Poilu
美食＋購物散步路線 MAP P.165／C3

　　城裡最熱鬧的老街，有幾家小餐館、紀念品店、超市、Tabac，由此步行可直達火車站月台。因為是從堤岸上來的第二條街，剛好可從較高的角度看海。

▲ 泊綠街位在堤岸上來第二條街

▲ 泊綠街左側盡頭的花園餐館有棵漂亮的大松樹

伯黑斯地主街
Rue Baron de Brès
離在地生活越來越近

MAP P.165／B3

　　越是高處的老街越安靜，街道明亮人煙稀少，行於窄巷抬頭看到五顏六色的窗戶，及晾曬的衣物，偏一點的角落，愈能進入庶民生活，可能是阿婆從打開的綠色百葉窗中探出頭來，或是小朋友們在石階之間跳上跳下。

▲ 伯黑斯地主街位在堤岸上來第三條街

▲ 一街之隔少了人潮

教堂街
Rue de l'Église
越高處，視野越開闊

MAP P.165／C2

　　每每爬到石階高處，停下來喘息之際，目光順著階梯兩側樓房中間的海景望去，會有一種很特別的感覺，視線的延伸由上而下、由內而外，景深逐漸開展，有如電影中的場景。越往上爬越靠近從尼斯公車過來的主要幹道(Ave Albert 1er及Ave Foch)，沿途有公車停靠站，行駛於尼斯與蒙頓之間的村落。

▲ 停下來看看　　▲ 由高處看村落

聖米歇爾教堂
Église Saint-Michel
巴洛克風格的教堂

MAP P.165／B3

　　同樣在1860年歸轄法國，因此一直是尼斯天主教教區，教堂源自14世紀初期，因年久失修，於18世紀重建，完工於1757年。巴洛克的粉色立面與黃色鐘樓矗立在狹窄街道之間，因而會有教堂顯得很巨大的錯覺。門口前小廣場的大樹下可小歇。

▲ 教堂前有小樹廣場　　▲ 溫馴的光線讓色彩更和諧

聖皮耶禮拜堂
Chapelle St Pierre
考克多的超現實建築

MAP P.165／C2

　　原本是座古老的禮拜堂，1957年由法國奇才身兼畫家、設計師、劇作家、導演於一身的考克多(Jean Cocteau)以超現實的手法，打破舊有宗教建築的陳規，禮拜堂的正立面有著一雙睫毛大眼與你對看，推門而入，窄小的內部陳設極簡，但從牆上到天花板壁畫的色彩及線條，肯定讓人眼睛為之一亮！

✉ 1 Avenue Sadi Carnot, 06230 Villefranche-sur-Mer
🕐 冬季10:00～12:00、14:00～18:00，春、夏季10:00～12:00、15:00～19:00，每週二、11/15～12/15休
💲 3€

有機會要入內參觀被大師改造的禮拜堂

艾日
Eze Village

蔚藍海岸最迷人的村落。

標高429公尺的中世紀山城,有著歷經歲月雕琢的淳樸石造民宅,及居高臨下、讓視野無限延伸的地中海風光,若時間充裕,千萬不要錯過金山羊城堡的海景咖啡與夕陽。

▲ 艾日是海拔約300公尺的山城,要經過峭壁公路才能抵達

▲ 從異國仙人掌花園眺望地中海

▲ 幾百年來石造民宅屹立不搖

如何抵達

公車

從尼斯沃邦站(Nice Vauban)上車,搭乘Ligne 82往Plateau de la Justice(站牌就在入口數來第2排)的方向,並於艾日村下車。

公車資訊

車票與尼斯輕軌電車票共用(75分鐘內可轉乘),或上車購票1.5€,車程約30分鐘。班次會依季節調整,可上網查詢蔚藍海岸地區公車時刻www.lignesdazur.com/en(步驟見P.172),或到尼斯火車站左前方的旅遊服務中心索取。

玩樂篇

豆知識

中峭壁公路Moyenne Corniche

　　從尼斯到摩納哥有3條公路，一是低峭壁公路(Corniche inferieure)，與臨海奔馳的火車平行，二是中峭壁公路(Moyenne Corniche)，三是大峭壁公路(Grande corniche)，從尼斯搭公車前來艾日就是走中峭壁公路。中峭壁公路建於1910～1928年，連結尼斯、濱海自由城到艾日，也是Bus 112與Bus 82的行經路線，雖比大峭壁公路短，但其高度卻是欣賞海景最佳位置。

行家祕技　公車搭乘地點

▲ 從艾日往尼斯的公車站，就在此加油站旁

　　建議從尼斯公車總站(Nice Gare Routiere)上車較有座位。從尼斯輕軌沃邦站(Nice Vauban)下車後往回直走，即見左手邊的停車場，由此巷口左轉，再穿越地下通道，就是占地寬廣的公車總站。

▲ 從尼斯公車總站往艾日，在此上車出發

艾日地圖

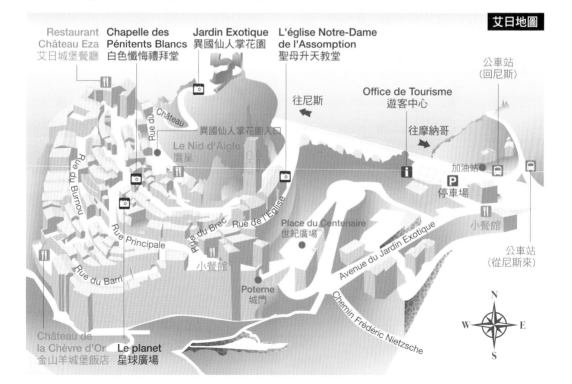

Restaurant Château Eza
艾日城堡餐廳

Chapelle des Pénitents Blancs
白色懺悔禮拜堂

Jardin Exotique
異國仙人掌花園

L'église Notre-Dame de l'Assomption
聖母升天教堂

公車站（回尼斯）

往尼斯

Office de Tourisme
遊客中心

往摩納哥

Rue du Château

異國仙人掌花園入口

Le Nid d'Aigle
鷹巢

加油站

停車場

小餐館

Rue du Burnou

Rue Principale

Rue du Brec

Rue de l'Église

Place du Centenaire
世紀廣場

Avenue du Jardin Exotique

公車站（從尼斯來）

Rue du Barri

小餐館

Poterne
城門

Chemin Frédéric Nietzsche

Château de la Chèvre d'Or
金山羊城堡飯店

Le planet
星球廣場

N W E S

公車時刻查詢步驟 Step by Step

蔚藍海岸地區公車查詢www.lignesdazur.com/en，以下操作示範是從尼斯往艾日。

Step 1

選擇右方時刻表
Timetables。

Step 2

在第二空格填上
82或112，按下ok。

Step 3

選擇82終點站方向「Plateau
de la Justice」，112終點站方
向「Beausoleil」。

Step 4

若要改其他日期，
則先點日期欄。

Step 5

往下拉可看到抵達站
名及時間，尋找艾日
EZE(有數個停靠站)。

Step 6

點選放大鏡會看
到路線圖。

下車後往回走，馬路對面即是老城入口，沿山坡一路向上經過幾個店家，來到大轉彎，取左邊石階而上是捷徑，來到世紀廣場Place du Centenaire，穿過左邊14世紀的老城門就是艾日村。彷彿跌入中世紀，高低起伏的窄街只能用徒步來親近。雖然村落很迷你，但隨性逛可能會錯失好地方，同時為了避開人潮，安排下列動線以供參考。

金山羊城堡海景咖啡(60分鐘) →

異國仙人掌花園(30～60分鐘) →

午餐(90～120分鐘) →

星球廣場、白色懺悔禮拜堂(15分鐘) →

聖母升天教堂(15分鐘) →

逛店家(30～60分鐘)

＊括號內為建議停留時間

▲ 整座村落以石頭堆砌而成　▲ 穿過城門的小廣場

▲ 雖一路爬坡，好在沿途店家很多，可以讓人喘口氣

景點介紹

金山羊城堡飯店

Château de la Chèvre d'Or

無敵海景咖啡　　　　　　　　🗺 P.171

在艾日，許多家餐廳都可以看海，角度各有精彩，但個人最推薦金山羊城堡飯店，從村莊入口步行而上，沿途不受誘惑約8分鐘即可到達。飯店本身來頭不小，除了有米其林二星加持，又高踞山崖有著絕美海景，不論住宿或用餐都是奢華消費，雖然不見得人人都愛，但若能坐下來喝杯海景咖啡，只要10多歐元即可換來無價的視覺享受與心靈洗滌，卻是物超所值！

如果有預約住宿，可從位在山下的入口進來，行李就交給服務人員，然後穿越優雅的法式庭園，同樣可以來到餐廳，從停在大門口的藍寶堅尼和勞斯萊斯的座車，即可得知該飯店的客層。

✉ Rue du Barri, 06360 Eze Village

☎ +33 4 92 10 66 61

🕐 酒吧3/7～11/10 11:00～22:00；餐廳3/7～11/10午餐12:30～14:00，晚餐19:30～22:00（以上為2018年時間；出發前請上網查詢最新時間）

💲 房價每晚約350～2,900€，午餐輕食披薩22€起跳

🌐 www.chevredor.com

行家祕技　喝到海景咖啡的小撇步

來到餐廳入口處，必須在此等候帶位，先表明是喝杯咖啡，一次人數1～2人最剛好，若旅遊旺季還有房客在用早餐、午餐人數多，或者侍者剛好很忙，都有可能被拒絕，上午11點是經驗值中最佳時間點，至於秋冬淡季下午4～5點看日落夕照更是快意。除了露天座，餐廳入口處一進來就是室內咖啡廳，若遇雨、天寒或外面沒座位，這裡也不錯，復古典雅的法式城堡裝潢，倚窗看海別有風情。

▲ 室內咖啡廳的風格

▲ 附小點心的午茶

▲ 室內一樣可與蔚藍大海對話

▲ 蔚藍海岸的夕陽

▲ 餐廳入口在左側

▲ 傳說中山腳下的海盜總是覬覦著艾日，好在有金山羊守護當地居民

▲ 一字排開的露台是渾然天成的咖啡桌

星球廣場 Le planet
狹窄村落中最平、最大的廣場　⬛ P.171

▲ 畫廊隱身在0樓

　　一路上坡到這裡剛好是喘息處，廣場入口左手邊的小噴泉，在1952年自來水普及之前，泉水供人們生活所需；位在廣場後方的房子，是典型的普羅旺斯鄉間建築，在昔日農村生活的年代，地面0樓，通常是家畜的窩，至於人們，則是住在上方的1或2樓(相當於台灣的2、3樓)。

▲ 小噴泉總讓人想跟它拍照

▲ 把握機會享受太陽

▲ 觀光客較少的冬日

白色懺悔禮拜堂
Chapelle des Pénitents Blancs
見證公投歷史　⬛ P.171

　　建於1306年，黑死病時期曾收過病患，1860年4月15、16日村民自決投票歸屬法國也在這裡，但現在已不是禮拜堂，因此處光線較暗且沒任何標示，常不知不覺就經過了，唯有從高處看到教堂的鐘塔才能感受它的存在。

▲ 小巧樸拙的鐘塔

聖母升天教堂
L'église Notre-Dame de l'Assomption
巴洛克風格的教堂　⬛ P.171

▲ 上了顏色的教堂很吸睛

　　土黃色的外觀與鐘樓讓人很難忽略它，在山下的村莊入口抬頭即可看到。完工於1776年，內部華麗的彩色大理石、水晶燈、絢麗的壁畫、散發宗教情懷的油畫與樸實的外觀成強烈對比。

▲ 高聳的鐘樓很是搶眼　　▲ 巴洛克教堂內部總是目不暇給

女神石雕各有風情

異國仙人掌花園
Jardin Exotique
女神石雕在廢棄的城堡發光　 MAP P.171

14世紀原是義大利薩瓦公國建的城堡，1706年法國太陽王殘暴廢了城堡，直到1949年才改建為花園，2004年巴黎雕刻家尚-菲利浦‧理查(Jean-Philippe Richard)的14件女神石雕進駐，這些女神正是伊希斯Isis，埃及家喻戶曉的魔法女神、大地之母，每尊女神線條簡單卻優雅，神情自若望向遠方或輕撫髮稍，不僅呼應艾日EZE一詞源自於Isis，更與一株株拔地而起的巨大仙人掌，重新賦予艾日城堡新的生命力，完全改造當年被廢城的悲情，正如村徽所標示「死亡與重生In Death，I am reborn」。

▲ 靜取一角的位子　　　▲ 這裡的美景讓人忍不住跳躍

▲ 漂亮的海岸線　　　　▲ 仙人掌需要充足陽光

逛累了嗎?艾日許多轉角都有提供輕食,甚至椅墊隨性擺在石階也是座位,在此提供二家餐館皆可眺望海景,前者讓人靜取一角,後者則視野開闊。

▲ 隨性一個擺設就成了座位

鷹巢 Le Nid d'Aigle

▲ 門口的葡萄藤在冬眠

夏天的露天座位上方有綠色葡萄藤,室內靠窗處可看到白色懺悔禮拜堂的鐘樓,提供平價的美味餐點,最大眾化的選擇是單片烤乳酪麵包(Tartine),常加入地中海食材如茄子、蕃茄、橄欖等。地點位在異國仙人掌花園的入口旁邊。

- ✉ 1 Rue du Château, 06360 Eze Village
- ☎ +33 4 93 41 19 08
- ⏰ 週日～五09:00～17:00,週六休
- 💲 10€起
- 🌐 www.leniddaigle-eze.com
- 🗺 P.171

▲ 單片烤乳酪麵包口味多樣化

▲ 讓人忍不住想坐下來小歇的館子

▲ 窗外就是白色懺悔禮拜堂鐘塔

艾日城堡餐廳
Restaurant Château Eza

米其林一星餐廳,如果金山羊城堡飯店的早茶和午茶都進不去,可來這裡的露天座位,一邊欣賞地中海的費哈角海岬(Cap Ferrat),一邊啜飲調酒也是不錯的選擇!

- ✉ Rue de la Pise, 06360 Eze Village
- ☎ +33 4 93 41 12 24
- ⏰ 週一～日12:30～14:30、19:30～22:00
- 💲 午餐3道套餐52€,4道套餐62€,可在網路預訂
- 🌐 www.chateaueza.com/chateau-eza (點選右上方Restaurant)
- 🗺 P.171

▲ 開闊視野　▶ 米其林級的午餐

▲ 舒適座位

購物店家

畫廊

▲ 各有風格的小畫廊

　　小小山城吸引許多藝術家在此駐留，不論油畫、素描或彩繪，都是對斯土的情感寄託，藉由寫實、抽象，或印象派的手法，與旅者們分享他們的熱情。

　　實品價格所費不貲且攜帶不便，有些畫廊會有10～30€不等的複製品，讓旅人輕鬆帶走自行裱框！

▲ 挑張對眼的畫作帶回家

▲ 透過藝術品認識在地文化

手作品店家

　　皮雕、銀飾、石雕手作工作室、陶杯碗盤、項鍊耳環、桌巾、創意玩具、玩偶等，價格不低，但真的喜歡就帶走，畢竟可能過了這村就找不到相同的商品了。

▲ 小小紀念品也是旅遊回憶

▲ 色彩繽紛的手作杯盤

服飾、配件

　　在艾日也有不少服飾店讓女生逛得忘了時間，絲巾、披肩、圍巾都是常見商品，眼尖的人很快就會發現相同的東西在尼斯等鄰近城鎮也有，但是價格落差不少(在這裡是貴了些)，想想也不無道理，因為此處貨車進不來，而人工運送是要付出代價的！

▲ 法國女人擅用配件讓自己更出色

圖圖
Tourtour

米其林綠色指南一顆星。

身為法國百大美村，極少有東方面孔，卻是德國人的最愛，村落外圍更是國際巨星低調置產所在。12世紀以來，圖圖不隨外界起舞，而是自得其樂向前走。來到這裡請緩步其間，細細咀嚼老村莊不造作之美。

▲ 圖圖人口不到600人，是建立在山丘上的老村落

▲ 6月的小黃花時常出現在普羅旺斯

▲ 來圖圖一定要坐下來喝一杯

▲ 熱情的夾竹桃綻放在盛夏

▲ Z字窗讓窗戶更牢固

▲ 不僅僅是店家，也傳達生活況味

▲ 圖圖的路牌：洗衣場路

玩樂篇

圖圖地圖

- Lavoir 洗衣場
- Vieux Château 舊城堡
- Tour Horologe 鐘樓
- 村落巷弄
- Fontaines 大噴泉
- Rue du Lavoir 洗衣場路
- Rue de L'horloge
- Place des Ormeaux
- café
- Bar
- Fontaines 柳樹噴泉
- Église de la Sainte-Trinité 聖三一教堂
- P 停車場
- Fol avoine 藝品店
- L'église Saint-Denis 往聖德尼教堂
- 城堡
- Moulin à Huile 橄欖油磨坊
- café
- Grain de folie 手作陶
- Le Jardin 公園
- Musée Des Fossiles Victor Zaneboni 化石博物館
- La Placette 小廣場噴泉

N E W S

如何抵達

自駕

距亞維儂約163公里，開車約2小時30分；從尼斯過來約110公里，開車約2小時。

我是這樣玩

停車場 → 柳樹噴泉 →
大噴泉 → 洗衣場 →
舊城堡 → **走進** 村落巷弄 →
鐘樓 → 橄欖油磨坊 →
小廣場噴泉 → 公園 →
教堂

＊全程約1～3小時

景點介紹

聖三一教堂 Église de la Sainte-Trinité
進入圖圖老城必經的教堂

MAP P.179

從停車場進來老城，必定會經過其右手邊的教堂，但因入口太小且位在城門下方，常不知不覺錯過了。

柳樹噴泉 Fontaines
老街散步購物用餐區 MAP P.179

　　經過柳樹下的小噴泉，即進入圖圖老城的大街，這也是村裡最寬敞筆直的街道，兩側為普羅旺斯傳統樓房，多為畫廊、手工藝品、服飾店或露天餐館。許多藝術家就藏身於此，以畫、以手作陶品來與人對話，而人們在這樣的小地方，更可以用心去感受週遭的一切。

大噴泉 Fontaines
前人生活的最佳見證 MAP P.179

　　在沒有自來水的年代，日常飲用水必須仰賴噴泉池，而噴泉就常出現在人來人往的地段或熱鬧的廣場。如今噴泉雖不再供水，但在普羅旺斯各個村落大大小小的噴泉池，依然被保留下來，不因沒利用價值而被拆，功成身退靜靜地看著人來人往。歐荷模(Ormeaux)廣場上的八角型大噴泉，正好位在三叉路口，行走的動線是先往右前進洗衣場，順時鐘繞一圈後將再回來這裡。

洗衣場 Lavoir
女人的俱樂部 MAP P.179

　　洗衣場在普羅旺斯鄉間扮演著重要的角色，直到60年代洗衣機未普及之前，這可是婦女居家生活的範圍，洗滌衣物同時話家常，也是東家長西家短的所在。聖羅賽爾泉(Le Saint-Rosaire)流經村落東北邊緣，水量驚人終年不歇，洗衣場就位在流經之處，汩汩活水清澈無染，由此往上走幾步路，是居高眺望圖圖最佳角度，視野可延伸至聖德尼教堂。

▲ 泉水供應8個噴泉及橄欖油磨坊

舊城堡 Vieux Château
中世紀遺跡 MAP P.179

　　舊城堡的一部分仍保留中世紀舊城牆遺跡與第一間房子，現今主要作為藝廊，若無展出則會關閉。

玩樂篇

村落巷弄
在迷宮中探險
MAP P.179

進入迷宮般的村落，有探險的樂趣。不期而遇的畫廊、紀念品店家、服飾耳環、化石店，還有街角夏日盛開的夾竹桃。喜歡攝影的人肯定會在此消磨不少時光。

這裡有著古老的石造民宅、淳樸的噴泉、攀牆的藤蔓、石梯、小徑，兀自散發著寧靜的氛圍，雖無特殊景點卻教人喜愛。

鐘樓 Tour Horologe
具普羅旺斯當地風格
MAP P.179

建於1665年的鐘樓與鑄鐵鐘，不過因為高挑的鐘樓位在狹窄巷弄之間，所以就算從下而過也不易發現，反而是從歐荷模廣場上的大噴泉即可清楚看到鐘樓頂端。

橄欖油磨坊 Moulin à Huile
持續運作的傳統磨坊
MAP P.179

建於17世紀，冬天扮演橄欖油磨坊角色，可免費入內參觀製程，到了春天的復活節搖身一變為彩蛋、母雞創作的工作坊，而6～9月多為藝術家畫廊，年復一年充分利用空間。

豆知識
圖圖的彩蛋節 La Fête de l'Oeuf

復活節(Pâques)的雞蛋如同春天帶來復甦與新生，圖圖村年年舉行的彩蛋節已連續27年熱鬧登場，在春天(3/21前後)開始，以各種造型的母雞與彩蛋，裝飾在街道巷弄或民宅的陽台、階梯等處。

小廣場噴泉 La Placette
讓人靜心的小景點
MAP P.179

穿過拱廊緩坡而下，將會看到另一番風景，建於1850年的小噴泉與斜對角的杏樹，總是靜靜守候人來人往，若非泉水流動著，還真以為時間靜止了。

▲ 穿過這個拱廊就會看到小廣場噴泉　　▲ 小廣場噴泉

聖德尼教堂 L'église Saint-Denis
位在村落高處，觀賞圖圖地形之美 🅼 P.179

從柳樹噴泉往聖德尼教堂前進，一路緩坡而上，右側會出現一塊長形的綠色草皮。唯有站在這裡，才能感受到位居山丘上的圖圖高低落差有600公尺，而當好天氣的時候，還可眺望整個瓦荷省直到聖維克多山(Mont Sainte-Victoire)。

聖德尼教堂歷史悠久，可溯及10世紀末期，正立面有圓形拱門，窗戶極少，外型簡樸看起來有些脆弱，在19、20世紀曾數度關閉又開放。

化石博物館 🅼 P.179
Musée Des Fossiles Victor Zaneboni
收藏著數千萬年前的生物化石

由學者維特・詹柏尼Victor Zaneboni (1917〜1999)捐給圖圖村，內有超過1,000個上瓦荷省發現的中小型化石收藏品，如鸚鵡螺、菊石目、箭石下綱(魷魚的遠親)、海膽、海星、恐龍蛋等等，見證普羅旺斯曾在海底之下。

✉ 12 Traverse du Moulin, 83690 Tourtour
🕐 週三〜日11：00〜12：30，14：30〜18：00，週一、二休

📖 店家資訊

手作陶 Grain de folie

年輕女主人親自拉坏設計，還可客製化量身訂作。

✉ 3 place des Ormeaux, 83690 Tourtour 📞+33 4 94 50 33 58
🕐 4〜9月，每日營業 🅼 P.179

藝品店 Fol avoine

印染桌布、刀叉、掛飾、杯杯盤盤等生活雜貨。

✉ 7 Montée St Denis, 83690 Tourtour 📞電話：+33 4 94 70 55 19 🅼 P.179

🥔 豆知識
菊石目(Ammonoidea)化石

數千萬年前的普羅旺斯曾在海底之下，特別是在瓦荷省發現不少小型化石，如外型很像鸚鵡螺的菊石目，也因此會看到真的化石就出現在當地民宅外牆上。

玩樂篇

瓦隆索勒高原
Plateau de Valensole

薰衣草田的故鄉。

靜坐落在普羅旺斯深處，旅人稀少的瓦隆索勒高原，是我心目中的薰衣草田故鄉，目之所及盡是夢幻的紫藍色調，空氣中更是瀰漫著淡淡的花草香氛。

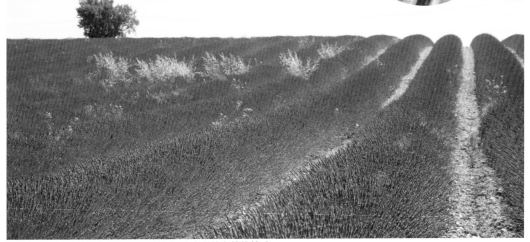

▲ 一旦看過一大片的薰衣草花海，夢裡也會出現薰衣草的芳香

▲ 延途走走看看，肯定會遇上對眼的薰衣草田

▲ 薰衣草的紫花與綠梗搖曳在風中

 如何抵達　自駕

從亞維儂沿著公路D6、D8、D56、D953、D11、D111等行駛，兩旁即是一望無際的薰衣草田，若慢慢開車說不定可發現祕境！

我是這樣玩

　　6～7月中薰衣草依序綻放，此時來到索隆瓦勒高原，可以上午逛市集，中午到聖十字湖野餐，下午徜徉在紫藍色的夢幻裡。因市集每日的地點不同，本文僅介紹鄰近的奧普斯(Aups)和慕斯提耶聖瑪莉(Moustiers Ste Marie)，其它小鎮市集查詢請參考P.xx普羅旺斯地區市集日期網站。

景點介紹

市集
融入當地衣食住行

　　市集之所以迷人，是因透過它讓我們更貼近一個小鎮的內在，所聽到的聲音、見到的景象、感受的氛圍，甚至呼吸到的氣息，都是如此真實。小販的叫賣聲、與提著竹籃的馬修、馬旦(法文的先生、女士)擦身而過、人來人往的熱絡，彷彿我們也成了當地生活中的一份子，這感覺雖短暫卻相形珍貴，因為不是幾張風景照可取代，而是在日後當你憶起某個小鎮，那片刻往往成了最讓人想念的一幕。

▲ 陶磁小鎮慕斯提耶(Moustier)市集

▲ 當地人愛拿籃子逛市集　▲ 手作陶磁也是市集常見攤位

市集資訊

奧普斯
(Aups)

✉ 老城的密斯特拉廣場(Place Frédéric Mistral)
🕐 每週三、六08:00～12:30

慕斯提耶聖瑪莉
(Moustiers Ste Marie)

✉ 市政廳廣場(Place de la Mairie)
🕐 每週五08:00～12:30

▲ 奧普斯(Aups)市集充滿生命力

玩樂篇

薰衣草田
自駕最暢遊

　　瓦隆索勒高原雖是一望無際的平坦，但高度卻有500公尺，直徑約34公里，涵蓋範圍約800平方公里，周邊有瓦隆索勒(Valensole)、希耶日(Riez)等24個村落，19世紀這裡主要的經濟作物是杏仁樹與葡萄園，到了20世紀薰衣草主要供應馬賽香皂、精油、蜂蜜等用途，意外成為台灣人熱衷的旅遊聖地。

　　每回帶團來到這裡，因範圍大加上農作物生長非人為能控制，或是有時遇休耕或重新播種，所以視覺體驗都會不盡相同。當6月下旬到7月中花期盛開，隨著微風輕拂，看著深紫的薰衣草如波浪般的起伏，這時大家都會忍不住進到田裡拍照，而拍出來的樣子，就如團員所說：「每個人在薰衣草田裡，看起來都特別美！」

　　如不介意看到薰衣草寶寶或含苞的綠色薰衣草，6月初瓦隆索勒高原還有金黃麥田、豔紅虞美人，都將熱情擁抱你的來訪。

▲ 金黃色麥田閃閃發亮

▲ 6月初的瓦隆索勒高原可同時看到紫色薰衣草與金黃色麥田

◀ 把光影與色彩捕捉

▲ 淡紫色的花海

▲ 薰衣草的氣味讓人放鬆(圖中為6月中旬的薰衣草)

貼心 小提醒

掌握花期與安全小提醒
1. 若該年南法春天來得晚，又遇冷夏，薰衣草田花期可能延後1～2週。
2. 花期蜜蜂也忙做工，嗡嗡聲不絕於耳，建議不噴香水、不穿紅衣較安全。
3. 花田為私人農地，請勿擅自摘採，店家可買到薰衣草。

聖十字湖
Lac de Sainte-Croix

內陸的蔚藍海岸。

位於上普羅旺斯阿爾卑斯省(Alpes-de-Haute-Provence)的聖十字湖，是當地人的最愛，因為沁涼的湖水是夏日消暑最佳去處，不論是野餐、戲水、午睡都可在湖畔搞定，同時就近串連令人屏息的威東峽谷──雞冠之路(Route des Crêtes)，貼近不同的普羅旺斯風情。

▲ 秋日的聖十字湖，越往北秋色越明顯

▲ 夕陽染紅山頭

▲ 雞冠之路可看到威東峽谷的狹長型谷地

▲ 令人屏息的峽谷垂壁

玩樂篇

如何抵達

自駕

從尼斯或亞維儂出發開車約3小時可到聖十字湖，若要前進威東峽谷，過加列塔橋(Pont du Galetas)走D957公路，約2公里後接D952公路，行駛在卡斯泰朗山路(Route de Castellane)，一路爬坡來到村落威東拉帕呂(La Palud sur Verdon)，以位在T字路上的廣場酒吧(Bar de la Place)為起點，往卡斯泰朗(Castellane)方向前進800公尺，由此右轉進入D23即可接上雞冠之路，順時鐘繞一圈會回到廣場酒吧。

我是這樣玩

9～5月非薰衣草季節，上午逛市集，中午在聖十字湖野餐，下午探訪威東峽谷——雞冠之路；或可繼續朝東北前進阿洛斯(Allos)。

景點介紹

聖十字湖 Lac de Sainte-Croix
普羅旺斯最大湖泊

長10公里、寬3公里的聖十字湖是人工湖泊，完工於1970～1974年，水源來自威東河(Verdon)，當年為了興建這超大蓄水庫，村落Les Salles-sur-Verdon已淹沒在湖底。加列塔橋(Pont du Galetas)是瓦爾省與上普羅旺斯阿爾卑斯省的交界，在橋上同時可以看到峽谷與湖。

此地更是內地居民的蔚藍海岸，夏日涼爽的湖畔，總有野餐、日光浴、腳踏船、跳水輪番上場，洋溢著青春活力與歡樂，而隨著光影變化擁有土耳其綠的藍綠色湖水，讓聖十字湖深具魅力，四季風情與光影幻化總是走進畫家筆下。

▲ 湖畔野餐享受片刻寧靜

▲ 聖十字湖猶如內陸的蔚藍海岸

威東峽谷 Gorges du Verdon
法國最大峽谷

位在慕斯提耶聖馬莉(Moustiers-Sainte-Marie)與卡斯特朗(Castellane)之間，由威東河切割而成的深邃峽谷，全長25公里、深達700公尺，從高處鳥瞰狹長河谷兩側是陡直的峭壁，可以想見大自然神奇的力量。

▲ 威東峽谷與聖十字湖交界

豆知識

威東河 Verdon

威東河全長165.7公里，源頭在梅肯度國家公園(Parc national du Mercantour)的阿洛斯(Allos)，流經聖十字湖，再旅行到威東河畔的維農(Vinon sur Verdon)與迪朗斯河(Durance)匯合，最後注入隆河(Rhône)。

▲聖十字湖春夏小黃花

雞冠之路 Route des Crêtes
大峽谷精華路段

從威東拉帕呂(La Palud sur Verdon)出發繞一圈，全長24公里，沿途共設置14處觀景台，可從不同角度欣賞峽谷之美，來回車程約1.5～3小時。其中幾個設在懸崖邊的觀景台，如Belvédère de la Carelle、Belvédère de la Escalès、Belvédère de la Dent d'Aire、Belvédère de Guègues值得停留，並可清楚看見整面大峭壁呈垂直狀直達700公尺的溪底，有時也會看到有好些人如蜘蛛人般飛簷走壁地攀岩。

▲雞冠之路起點：威東拉帕呂村落

▲D952公路接D23公路

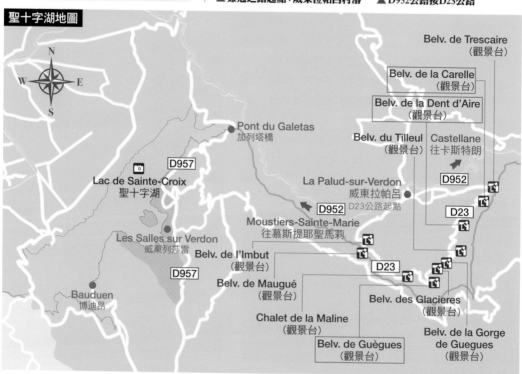
聖十字湖地圖

玩樂篇

呂貝宏山區
Luberon

豐饒大地孕育無數山城。

　　本篇景點介紹都在沃克呂茲省(Vaucluse)的範圍內,主要位於呂貝宏自然公園(Parc du Luberon),這條路線適合自駕遊覽,一眼望去是平坦的果園、葡萄園與橄欖樹,唯行車時才會感受到山坡起伏,此時視野最動人,彷彿一幅幅畫布迎面而來。

▲ 當地指標會告知景點、餐廳、住宿的方向,可以善用

▲ 胡希庸民宅的色彩遊戲

如何抵達　　自駕

　　呂貝宏山區與亞維儂都在沃克呂茲省內,前者在東邊、後者在西邊(見地圖P.3)。遊客在規畫上可以從亞維儂開車出發一路往翁蘇依前進,或是從其他城市出發,先抵達翁蘇依,再以亞維儂為終點。以下是從翁蘇依至亞維儂建議的各個停靠村落,以及各村之間的距離。

翁蘇依 Ansouis — 5.6km — 屈屈龍 Cucuron — 8.3km — 盧馬杭 Lourmarin — 2.5km — 畢維和 Puyvert — 30.7km — 胡希庸 Roussillon — 20km — 拉尼耶 Lagnes — 30km — 亞維儂 Avignon

＊全長約97.1km,行車時間約2.5小時

我是這樣玩

　　兩天兩夜的自駕小旅行,串聯翁蘇依、屈屈龍、盧馬杭及胡希庸4個風格各異的村落,放掉懶人包和推薦餐館,慢慢走,靜靜看,嗅嗅空氣中散發的味道,感受風輕輕拂過臉龐,儘管用自己的步調,走出屬於自己的風格,相信每天都會有好事發生,Bon Voyage!至於住宿可搭配畢維和(Puyvert)的聖維克多農舍,及拉尼耶(Lagnes)的拉庫德桑斯莊園,見P.88～89。

景點介紹

翁蘇依 Ansouis
走優雅路線的百大美村
MAP P.3

老街裡的民宅石牆看起來特別溫潤純白,並以藍色陶片作為路牌,讓人感受維護的用心並不是為了觀光客

▲ 藍色陶片的路牌

因為這裡的遊客並不絡繹,是喜歡安靜氛圍旅人的首選,一來體驗慢活步調,二來感受美好生活就從細節開始。

從停車場進來老街,一路緩緩來到村莊高處的教堂,深秋時節這裡有綿延的葡萄園和彩色拼布迎接你的到來,同樣是法國百大美村,命運卻各不相同,很高興翁蘇依還能依自己的步調過自己的生活。

▲ 生活美學無處不在　　▲ 樸石之美

▲ 翁蘇依的鐘樓

屈屈龍 Cucuron
時間靜止的村落
MAP P.3

▲ 屈屈龍的村徽

位在呂貝宏山區南緣,歷史悠久,居民不到2,000人,電影《美好的一年》(A Good Year)、《屋頂上的騎兵》(Le Hussard sur le toit)都是在此拍攝,尤其前者男女主角首次約會的地點,就在被梧桐樹包圍的長形水池(L'etang),電影中,市集熙來攘往的熱絡及浪漫絕妙的場景,吸引無數旅人千里迢迢來此。

村莊名字屈屈龍(Cucuron)念起來很有趣,意指位在丘陵高處的村落,村內的遊客指示牌上可看到紅色的村徽,兩個野蠻人一手持棒一手撐著塔樓,一付誰都別想侵犯的霸氣!

▲ 每年5月21日是屈屈龍梧桐祭典

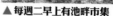
▲ 每週二早上有池畔市集　　▲ 在陽光下悠閒用餐

玩樂篇

盧馬杭 Lourmarin
自有況味的百大美村
 MAP P.3

多數旅人來到普羅旺斯偏好白天行程，其實夜間漫步也別有意境，昏黃路燈下穿梭在老街，讓人彷如回到中世紀，許多店家打烊後仍會打燈，window shopping的視覺感受與白天截然不同。萬聖節時造訪盧馬杭，好多店家都以南瓜、蜘蛛網裝飾應景，不時從旁掠過身披黑色風衣、戴巫師帽的變裝小朋友，帶著超黑眼圈、特殺的冷眼與恐怖的表情，要是你「不給糖就搗蛋」(Des bonbons ou un sort)，看來即便是在鄉間，人們仍擋不住外來文化的影響。

▲ 晚餐時間街道不冷清

▲ 夜間櫥窗

▲ 店家營造萬聖節氣氛

胡希庸 Roussillon
源自10世紀的百大美村
MAP P.3

▲ 秋日紅葉豐盛的季節

當地盛產鍺土，居民提煉成顏料並將屋牆上了色，遠遠地整個村落深淺不一的琥珀、杏黃映入眼簾，尤當陽光灑落，紅緹之城的美譽不脛而走。小村深受歡迎，在淡季，蜿蜒巷內依然旅人如織，村內的餐館、紀念品店、花布店、畫廊、遊客中心，滿足觀光客的種種需求。

▲ 胡希庸山城

▲ 彷彿隨時置身畫裡

🫘 豆知識　**鍺土 Ocres**

18世紀末～1930年盛行開採，主要由黃、棕、紅、紫再調和成更多顏色，即可作為染料或顏料，除了胡希庸，不遠處的胡斯特雷(Rustrel)、卡卡(Gargas)等亦是產地，其中胡斯特雷更被稱為普羅旺斯的科羅拉多(le Colorado provençal)。

蔚藍海岸景觀路線
Côte d'Azur

峽灣、赭紅山岩、沙灘、鵝卵石、深港及岬角。

普羅旺斯大區南臨地中海，西起卡西（Cassis），東至檬頓（Menton），這條長達115公里的蔚藍海岸，正是旅人嚮往的度假天堂，沿途地中海由淺到深的藍，令人注目無法轉移！

▲ 海灘上享受日光浴的女郎

▲ 靜泊於卡朗格峽灣的帆船

如何抵達

火車

多數知名城鎮都在火車停靠線上，行駛馬賽—尼斯的TGV與TER都是2小時30多分的車程，但TGV只停大城如坎城（Cannes）、聖哈法耶（Saint-Raphaël）、安提布（Antibes）與尼斯。

自駕

自行開車想停就停，但沿途景點都很誘人，建議選擇最愛的景點停留，才能悠遊其中不趕路。

我是這樣玩

慣用右手的人，從卡西玩到檬頓，反之則行程倒著走，以下分為4個區塊介紹，各有一個主題景點，除了艾斯泰雷爾高地（Massif de l'Esterel），其餘皆可以搭火車抵達。

玩樂篇

景點介紹

卡西 Cassis ～
聖哈法耶 Saint-Raphaël
主題景點：卡朗格峽灣 Les Calanques　MAP P.3

　　這段路線的火車並未沿海而行，只有卡西與法國軍港土隆(Toulon)臨海並有火車停靠，知名的卡朗格峽灣就以卡西為據點，可由漁港碼頭搭船暢遊3～9個海灣，由下而上仰望峽灣峭壁的力與美；或是從市區左上方步道入口，以健行方式由上往下俯瞰峽灣地形任性地在地中海伸展，有些地點還可直接步行進入停滿帆船的峽灣裡。

▲ 卡西舊港整排的餐館

▲ 遊客中心左前方的沙灘

▲ 可選擇搭船出海的行程
暢遊海灣

聖哈法耶 Saint-Raphaël ～
坎城 Canne　MAP P.3
主題景點：艾斯泰雷爾高地 Massif de l'Esterel

　　此段火車重回大海懷抱，本區地理景觀相當特別，巨大且粗獷的赭紅山岩隨著地勢漸入海岸，其中以艾斯泰雷爾高地最搶眼。短短30分鐘車程，透過耀眼陽光從車窗向外望去，只見深如藍寶石的大海上，點綴著無數的赭岩及紅瓦屋頂的村落，讓人陶醉其中，但若要深入探訪景點需自駕。當火車愈靠近坎城，會看見白色遊艇靜泊在小港灣，隨著海風輕搖微晃，這般景色正是此段海岸的最佳寫照。

▲ 從火車上經過本區所拍下的景色

▲ 紅與藍的對話

坎城 Cannes ～ 尼斯 Nice
主題景點：鵝卵石海灘　　　 MAP P.3

　　此段鐵軌與公路幾乎沿海而行，坐在火車內最有趣的景象，就是親眼看著火車輕易地追過公路上的巴士，再狠狠地將之甩開，而迎面而來的正是錯落有致戴著紅色屋瓦的村屋。

　　45分鐘的TER沿途停靠8個村鎮：瓦婁希(Golfe-Juan-Vallauris)、朱安列班(Juan-Les-Pins)、濱海的卡尼內(Cagnes-sur-Mer)、上卡尼內(Cros-de-Cagnes)等，途中多處綿延著鵝卵石海灘，若想一下車就能立即投入大海懷抱，畢歐(Biot)絕對是不二選擇！至於遊艇港則以安提布(Antibes)最有看頭。

▲ 尼斯會舉辦嘉年華會，每年有不同的主題國王　　▲ 渾圓的鵝卵石

尼斯 Nice ～ 檬頓 Menton
主題景點：迷人村落接連而來　　 MAP P.3

　　當火車一路奔馳在山之巔、海之涯，沿途峭壁與村莊錯落不絕，讓人不禁讚嘆真是最美麗的火車海岸線。濱海自由城(Villefranche-sur-Mer)、博琉(Beaulieu-sur-Mer)、海邊艾日(Eze)、大蒜岬角(Cap-d'Ail)、摩納哥-蒙地卡羅(Monaco-Monte-Carlo)、侯克伯亨‧馬當岬角(Cap-Martin-Roquebrun)、檬頓(Menton)，每個點都值得花時間駐足。

▲ 紅瓦、綠柏、藍海，典型地中海風情　　▲ 檬頓海岸一角

▲ 盛產檸檬的檬頓每年2月會舉辦檸檬嘉年華

▲ 從侯克伯亨高處眺望蒙地卡羅

▲ 博琉的白色遊艇依偎著壯麗山崖

法式水療—格黑霧溫泉
Gréoux les Bains

體驗截然不同的溫泉文化。

法國溫泉療法主要以口鼻吸入、浸泡、飲用或水中有氧來進行，當醫師認為有醫療的必要時即會開立處方箋，讓患者前往溫泉療養中心進行療程，法國人可由健保給付，但觀光客需自費。

▲ 溫泉療法在法國有健保給付

▲ 市區隨處可見的泉水

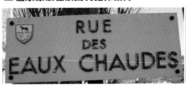

▲ 從路牌透露小鎮的特質：熱水街、溫泉大道

如何抵達

火車
從馬賽(Marseille-St-Charles)或艾克斯普羅旺斯(Aix-en-Provence)轉乘到瑪諾斯克—格黑霧溫泉(Manosque Gréoux les Bains)，再轉計程車(約20分鐘)。

自駕
距瑪諾斯克(Manosque)約15公里，車程約20分鐘；距聖十字湖約55公里，車程約70分鐘。

我是這樣玩
小鎮位在呂貝宏山區與聖十字湖之間，可就近安排在順路的行程之中，每週四早上在栗樹大道(Ave des Marronniers)有大市集，超過130個攤位讓人大呼過癮。

景點介紹

格黑霧
Gréoux-les-Bain
海拔360公尺高的溫泉小鎮

在銀元的推薦下，來到上普羅旺斯阿爾卑斯省的格黑霧。這裡有著乾爽宜人的氣候，鄰近的幾個村莊如希耶日(Riez)、瑪諾斯克(Manosque)、瓦隆索勒(Valensole)，都是薰衣草田的故鄉，空氣中瀰漫著大自然的香氛，加以汩汩不歇泉水聲、夏日蟬鳴聲、週二與週四市集的淵沸人聲，著實是個充滿朝氣的樸實小鎮！

小鎮有著來自地底1,200公尺的溫泉，豐富的鎂、微量元素及硫酸鹽等礦物，對風濕性疼痛、呼吸道特有助益，自西元一世紀起即被羅馬人指定為水療之地。

▲ 小鎮中心的教堂

店家資訊

太陽溫泉水療中心
Chaine Thermale du Soleil

此為小鎮最有名的水療中心，是以當地的石塊建構而成，氣派的長形建築正好坐落在原始的塞爾特人(Celt)穴居的遺址上。推門而入，大廳右方是報到櫃檯，左右兩側長廊是大片的落地窗及舒適的躺椅，當下就讓人心情放鬆。

預約時間一到，即有工作人員帶領到更衣室，換上泳衣再套上浴袍，依照每人選取的項目，大概會3、4人一組。組合療程約120€，包含按摩浴缸、水柱按摩、泥巴浴、水中有氧，所需時間約2小時。

一人一間的按摩浴缸，躺平後工作人員按下開始鈕，激烈滾動的水分子前後左右夾攻，充沛的能量不間斷地運作，慢慢地發現緊繃的肌肉被放鬆了，開始有水療的感覺了。每一療程結束，即有工作人員來帶你到下一站，因裡面宛如地下迷宮，果真有穴居的精神！

個人最愛「泥巴浴」，有如小型的泳池裡裝滿泥巴，整個人一下去，立刻變成奶油色，手上的汗毛一根根現形了，全身泥膚後皮膚更細緻，不諳水性的人手要抓好，因為浮力比重的關係，身體容易浮起來站不穩，並注意不要喝到泥巴或濺到眼睛，起身後可在旁邊的蓮蓬頭沖洗。

走出溫泉水療中心，人也餓了，帶著輕鬆、舒暢以及幸福的步伐找晚餐去！

✉ Avenue des Thermes, 04800 Greoux-les-Bains 📞 +33 8 26 46 81 85
🕐 3月初～12月中，出發前請上網查詢 💲 療程65€起 http www.chainethermale.fr

▲ 描繪古羅馬人享用水療的壁畫

▲ 太陽溫泉在法國有30多家連鎖

▲ 療程結束後靜靜休息一會

玩樂篇

特別介紹

普羅旺斯山居生活體驗─
住進法國人的家

銀元家 Chez Sharon

來到普羅旺斯不只探訪古羅馬建築,也可以透過「打獵」、「採蘑菇」、「摘橄欖」、「品酒」、「逛市集」、「學做法國菜」等等,真正走入當地居民的生活。

託銀元的福與其好友們的熱情,這10年來讓我們得以真正住進法國人家裡,他們都不是專營民宿,而是各有工作或是已退休,不論是老師、設計師、經商或上班族,雖然彼此語言不太通,但貼近相處的過程中,更能深刻感受普羅旺斯山居生活的真實面貌,不再只是完美想像。這樣的旅遊經驗,此生一定要體驗一次。以下介紹銀元家的各種活動。

銀元家

✉ Quartier Lei Gras 83111 Ampus, France

@ ampussharon@gmail.com

▲ 銀元家的早餐

▲ JJ的安提布蕃茄

▲ 多層次口感的綠蘆筍奶油

如何抵達

火車

若搭乘火車,則在龍城・列扎克火車站(Les Arc Draguignon)下車,再搭計程車到Ampus銀元家,車程約40分鐘,單程車資約60€+行李小費。

自駕

從尼斯出發約110公里,車程約1.5小時。
*住宿銀元家,若不方便自駕,可聯絡安排司機接送。

我是這樣玩

行程依不同季節調整,如秋冬以打獵、採蘑菇為主,11~12月摘橄欖,3~4月果樹巡禮,6月採櫻桃吃到飽,7月徜徉薰衣草田,至於品酒、野餐、逛市集、學做法國菜,全年皆可進行。

學做法國菜
一輩子都記得的體驗

做菜的魔力

阿言德在《春膳》(Afrodita)書裡說：「這年頭，很少女人有時間揉麵糰。」但來到銀元家，就算男生也忍不住捲起袖子，是什麼魔力讓人改變了？不就是一起扮家家酒的參與感，讓做菜變得歡樂有趣！

▲ 學做菜確實有療癒力

▲ 阿伊歐里食用時需沾蒜泥蛋黃醬(Aïoli)

銀元的料理

銀元個性直爽大方、手腳俐落，而她的料理正如其人，下調味料隨手捻來總是恰到好處，只要你想學、想知道，任何料理、醬汁絕不藏私，學做法國菜的體驗行程，從切菜、烹調、擺盤等細節，熱心協助你進入法式家常菜精神。雖然來自台灣，但她卻是村裡栽種生菜與香料的高手，更是森林採菇達人，認識她這20多年來，銀元最常跟我說的一句話就是：「一純，我很開心這樣過生活。」

▲ 銀元的菜園

▲ 銀元的開胃菜

銀元老公JJ——法國米其林廚師學校畢業

JJ曾經營2顆壁爐的Logis de France多年，他的料理總能收買眾人的胃，尤其是曾有團員因吃不慣法式料理而心碎，但嘗到JJ的手藝卻能瞬間復活！他同時也是獵人、會採蘑菇、挖地埋電線、爬屋頂舖瓦片也難不倒他，浴室、廚房貼壁磚都自學而來，想跟他學做菜唯有專注，你的心眼手腳才能跟上，然後會發現細心、柔情與幽默是他與生俱來的性格，重點是他會讓你開心自在。

> **JJ拿手菜——比斯圖Pistou**
>
> 番茄、洋蔥、馬鈴薯、紅蘿蔔、綠花椰、茴香頭、櫛瓜、甘納豆、白豆、小麵條、燻豬腿肉，豐盛的食材，光這道就能飽足一餐，食用時放入1～2匙青醬(Pistou)。

▲ JJ與銀元夫妻倆正在用火烤松針淡菜

▲ 法國人也很少嘗過的美味，乾燥的松針與香料帶出淡菜的鮮甜

玩樂篇

森林漫步
放慢腳步,重新與土地連結

森林的故事

　　森林是銀元的最愛之一,總有很多故事可以說,像是野豬攻擊JJ的獵犬滑鐵盧(Waterloo)驚險記、牧羊人的小石屋、狐狸便便、打獵趣事、挖蘆筍、別採毒蘑菇等等,聽完會讓人感受到她對這塊土地的深情。

▲ 牧羊人的小石屋

▲ 森林裡蘊藏著大自然的能量

森林的氣息

　　迷迭香、百里香、杜松子、薰衣草等野生香草,所散發的大自然氣息讓人感覺無比舒暢,心情自然是平穩愉悅而敞開;當然這裡也是野生動物們的家,蟲鳴鳥叫、松鼠跳躍、野兔奔跑、野豬在泥中打滾的生命脈動,彼此和諧共生共存。

▲ 百里香常見於森林小徑,屬於春天的粉紫色小花

◀ 野生冬青(houx)是聖誕節必備的紅花綠葉

▶ 松果豐富的油脂是升火必備的火種

森林的四季

　　夏天的森林明亮,偶有幾道陽光灑進,香草植物小花盛開;深秋踩著橡木落葉的浪漫情懷,任誰都想填詩作曲;冬日的林裡徒留萬物休養生息的寧靜,冷起來時也會讓人直打哆嗦;到了春天,枝葉嫩芽再度冒出頭say hello,快樂的毛毛蟲準備變身,大地甦醒萬物新生。

▶ 深秋葉落更化泥

▲ 初夏青翠的森林

跟著獵人去打獵
大自然法則自有定律

▶ 與JJ默契十足
的獵犬滑鐵盧

秋冬＝獵季

　　每年9～2月是法國打獵的季節，對象從天上飛鳥，到地上竄的山兔、松鼠、野雞都有，不過當地居民對山豬(sanglier)情有獨鐘。

沒人緣的山豬

　　讀者一定很難理解為何山豬人緣如此差？一來為了找食物，二來豬媽帶豬寶到田裡逛大街，總將農田踐踏得面目全非，於是樑子就這麼結下，恨得牙養養的農夫先在田地圈電線，哪知豬皮竟厚到電線不靈光，甚至標緻汽車撞上也凹了下去，逼不得以也只好出動獵槍了。

遊戲規則

　　即便是業餘者也要有執照才能打獵，且A村居民不能越線到B村，並有默契不擠在同日「上工」，一旦2月豬媽懷孕了，依照法律規定連豬寶寶都碰不得，於是獵季在此告終，兩方各過各的日子，餐廳秋冬才有的野豬肉菜單也會下架。

獵人獵犬合作無間

　　此外，打獵時明明等待獵物要保持安靜以免驚動，偏偏JJ會故意壓低音量又比手畫腳，描述他在打獵時發生的種種趣事，讓我們聽了想大笑，只能被迫抱著肚子強忍著，差點就要得內傷！突然間，「蹦！」一聲，JJ的愛將滑鐵盧(獵犬血統)向前衝了去，並叼了隻黑褐色鳥回來，主人摸摸牠的頭以示鼓勵。聽銀元說，若獵人與獵犬之間的默契夠好，光看牠抬腿的角度，就可判斷前方獵物為何，真是太強了！

▲ 樹幹的凹洞是山豬的飲水池

▲ 山豬最愛在此打滾享受泥巴SPA

◀ 森林裡的瞭望台
提高了獵人視野

▲ 看！山豬的腳印

玩樂篇

採蘑菇
了解土地，自然會知道蘑菇在哪裡

何時採蘑菇

　　陣雨過後的晴天是採蘑菇最佳時機，每年10～3月是蘑菇的生長旺季，法國人嗜吃，不分男女老少，齊入森林找菇菇，此時藥局也同步貼上文宣，提醒人們注意安全別採到毒菇而中毒。

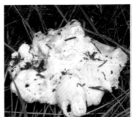
▲ 自製醃蘑菇與開胃酒，自給自足的山居生活

採蘑菇行頭

　　絕不是穿美美漫步在森林小徑，而是得穿上起毛球的外套，沾了土的布鞋，帶幾把小刀、兩個竹籃，一副標準村姑的配備才能進森林上工。野生蘑菇並不會乖乖長在路邊，而是隨著坡度上下起伏，還有刺人的荊棘，必須手腳並用低身前進才行。

▲ 銀元採菇的身影

▲ 在路徑不明的森林裡尋找蘑菇

蘑菇哪裡找？

　　在森林裡鑽來鑽去，腳步跟著銀元卻已失去了方向，回首來時路早就消失在視線之外，路跡愈來愈不明顯，而蘑菇到底在哪裡？可要眼力夠好才能讓「雞油菌」（chanterelle）現身，因為嬌小的它總是被落葉松覆蓋著，須把針葉輕輕撥開再從旁下手，才能將之從土裡挖起來。

　　白色的「羊蹄菇」（Pied de mouton）只要發現一朵，前後左右直線的地方，一定可以看到第2、3、4朵，對於剛入門採菇的我來說非常有成就感，首先溫柔地將覆蓋在蘑菇周圍的土撥開，因為羊蹄菇看來雖大卻很脆弱，稍一用力就碎了，直到空間足以讓小刀直接將它割下，如此就大功告成！銀元大方地說：「這一整片都送給妳」，然後倏然轉身到更上面的林子。靜悄悄的林裡，徒留羊蹄菇與我，剛開始會怕身後有野豬突襲，後來全心投入再也管不了那麼多，隨著籃子漸漸滿起，終於體會到法國人為何會採菇採上癮！

▲ 羊蹄菇口感有像杏鮑菇

▲ 血菇(sanguin)，一割就流出紅色汁液

▲ 雞油菌適合曬乾

▲ 銀元拿手的蘑菇派

摘橄欖
聖誕節前完成採收

長壽樹種

冬日散步在鄉間小徑，最容易看到一顆顆紅得發紫發黑的橄欖，襯著那藍的不像話的天空，在微風中搖擺，這正是冬季的普羅旺斯風情。橄欖樹是地中海地區常見的農作物，生長速度相當緩慢，看似不起眼的小樹叢少說也有幾十歲，比人高大的可能都有200～800歲，正因如此長壽，所以是可以代代相傳的家產。

▲ 紅得發紫發黑的橄欖

何時採橄欖

橄欖樹結的果實主要用來榨成橄欖油，夏天開花後慢慢結果，它的成熟期是在每年的冬季，通常在聖誕節前就要採收完畢，而且必須在不下雨的時候才能採收，然而那麼多的橄欖，就算有再多的人力，怎麼採也採不完的，若天氣預報下雪或霜降，堅守品質的農家會找左右鄰居、全家出動提前趕工完成。

◀ 方便攜帶的橄欖油

▲ 藍空之下的橄欖園

一起採收的樂趣

採收橄欖最大樂趣在於方式很簡單，只要用手將橄欖摘下來直接丟在地上，因為樹下會平舖一張很大的網子，待樹上摘得差不多，就收網倒入桶內，這真是最有成就感的農事，也親身體驗了當地居民的工作與生活。

▲ 現今仍有少數磨坊，堅持以人工方式榨取橄欖油

▲ 各種口味的醃橄欖

▲ 全家出動採橄欖

▲ 高處還要借用梯子(圖片提供／許銀元)

玩樂篇

跟著獵犬找松露
可遇不可求的經驗

◀ 松露在市場上行情居高不下

神祕的松露Truffe

法國神廚亞倫‧杜卡斯(Alain Ducasse)，在《與美味相遇》(Rencontres Savoureuses)中提到：「松露好像是從地心裡孕育而成的石頭，當我們從樹下找到它時，會有某種掘出古老寶藏、神奇而不可思議的感覺。」這野生的塊根無法以人工栽種，但人可創造適合它生長的環境，例如橡樹園。

▲ Michel是經驗豐富的松露獵人

誰來找松露

通常松露長在土壤下10～30公分，無法用肉眼看到，需藉由母豬或獵犬的鼻子，才能重見天日。經過訓練的獵犬有著敏銳嗅覺，等到目標確認便奮發向下挖，主人的鏟子適時來相助，待松露一露臉，獵人的左手，會以迅雷不及掩耳的速度，將黑黑一顆藏進口袋，同時以右手將獎品塞給獵犬，一來獎勵，二來分散注意力，否則稍不留意松露就進獵犬口中啦！

松露怎麼吃

松露量少難以得到，因此市場價格昂貴，可不能大口吞下肚，因為氣味特殊，只需切成薄片或磨碎，再加入料理之中即可扮演著銷魂的關鍵角色。這天JJ煎了顆熱騰騰的荷包蛋，將磨碎的松露灑上，那混合著橡樹菌根與土地的調性，夾著難以形容的香氣，隨著味蕾傳遞到大腦，愉悅之情無以名狀，淺嘗一回即終生難忘。

▲ 松露獵犬出動了

▲ 主人與獵犬須有良好默契

▲ 少許松露滋味難忘

▲ 遼闊的橡樹林就是松露園

品酒
每一口都是天地菁華

酒莊

　　瓦荷省(Var)眾多酒莊之中，讓筆者印象最深刻的莫過於貝勒酒莊(Château de Berne)。500公畝的遼闊土地中，葡萄園僅佔150公畝，除了釀酒場、販賣區、SPA飯店、2間餐館，其它就是菜園、綠地以及橄欖園，放眼望去就是大自然，讓人置身其中覺得很放鬆，來到這裡不再只是為了品酒，而是可以全家人共同消磨一整天的好所在。

貝勒酒莊

✉ Route de Salernes-Flayosc, 83510 Lorgues ☎ +33 4 94 60 43 53 ⏰ 4～9月10:00～19:00，10～3月10:00～18:00，1/1、12/25休

▲ 酒窖終年涼爽恆溫

▲ 玫瑰紅(Chateau Roubine)是普羅旺斯特產

品酒三步驟 Step by Step

Step 1　一眼

　　眼觀酒色，不論是紅酒、白酒或粉紅酒，各有深淺不一的色調，從萊姆、金黃、琥珀、淡粉、櫻桃到紅寶石；輕輕傾斜轉轉酒杯，會看到「眼淚」從杯壁流下，速度緩慢代表甜度偏高。

Step 2　二鼻

　　將杯緣貼近鼻子，透過你的靈鼻，找尋傳說中的果香，如生活中熟悉的水蜜桃、荔枝、玫瑰花等香氣，或皮革、橡膠、錢包等特殊味道；每個人的感受不同也是品酒樂趣之一。

Step 3　三舌

　　第一口小小地如初次相遇，以直覺來感受這瓶酒好不好相處，第二口不計形象大大漱口，舌頭硬是要讓空氣進到櫻桃小嘴直達腮幫子，口感或酸或澀，倏地某個南法葡萄園的畫面進到腦海，瞬間連結到這瓶酒的一生。

▲ 在貝勒酒莊品酒後可散步、野餐

常用法語 ABC

玩樂篇

常見單字

中文	法文	中文	法文
大人	L'adulte	遊客中心	L'office de tourisme
小孩	L'enfant	沙灘	La plage
開放時間	Les heures d'ouverture	公園	Le parc
觀光客	La touriste	廣場	La place
語音導覽	L'audioguide	博物館	Le musée
入場券	L'entrée	市政廳	La mairie
紀念品	Le souvenir	書局	La librairie
城鎮	La ville	郵票	Le timbre
村莊	Le village	自行車	La vélo
市區	Le centre ville	停車場	La parking
大教堂	La Cathédrale	橋	Le pont
教堂	L'église	步道	Les sentiers
城堡	Le Château	小徑	Les pistes

實用會話

請問我可以拍照嗎？	Puis-je prendre des photos?
入口在哪？	Où est l'entrée?
你們幾點關門？	À quelle heure fermez vous ?
售票處在哪裡？	Où est la billetterie?
我要2張票。	Je voudrais 2 entrées.
兒童有優惠嗎？	Est-ce qu'il y a des réductions pour les enfants?
真是太美了！	C'est magnifique!
請等我一下。	Attendez-moi s'il vous plaît.
我想要買一張明信片。	Je voudrais acheter une carte postale.
禁止吸菸。	Il est interdit de fumer.

行程規畫篇
Planning

3天、5天、7天或10天，如何串聯？

普羅旺斯雖然只是法國的一個大區，可以只待3晚，

也可住上一個月，依每個人不同的需求來規畫行程。

而如何找對旅伴？彼此又該怎麼分工合作？本文一次告訴你！

行程安排

風景也是「行程」的其中一環。

行程是活的，但須有轉圜的時間。自文藝復興以來人們開始注重旅行，除了親近大自然，更是對未知世界的探索與發現，即便今日有完備的數位化電子產品，但旅行的風險卻有增無減，甚至隨著國際化衍生出更多問題，如扒手、東歐移民潮、恐怖分子，甚至臨時罷工等人為因素，還有火山爆發、洪水、雪崩、地震等天災，往往是無預期發生。不論是自助、半自助團或跟團，都應做好心理準備，抱怨往往不是最佳解藥，通過考驗的革命情感常勝於風景，而平安與幸運從來就不是理所當然。

▲ 光禿禿的梧桐靜待春日展新機

推薦行程

以下參考行程皆可自駕，部分行程無法完全以火車完成，需以公車或租車輔助，並可依個人喜好彈性組合。

▲ 索爾格島的深秋

▲ 艾日海景咖啡與夕陽

以海為主

(製表／曾一純)

天數 / 行程代號	建議行程	建議住宿	建議交通方式	車程
短天數(3～5天) / 1A	● 尼斯(1天) ● 濱海自由城(1 / 2天) ● 艾日(1 / 2天) ● 蔚藍海岸快線後半段(1 / 2天)	尼斯3～4晚	火車＋公車	約60公里
中天數(5～7天) / 1B	1A再加上： ● 蔚藍海岸快線前半段(1～2天) ● 艾斯泰雷爾高地(1 / 2天)	尼斯3～4晚 卡西1～2晚	火車＋自駕	約230公里

以山為主

(製表／曾一純)

天數 / 行程代號	建議行程	建議住宿	建議交通方式	車程
短天數(3～5天) / 2A	● 銀元家(合計3天) 森林漫步、學做法國菜、市集、聖十字湖野餐、圖圖、品酒、薰衣草田或威東峽谷	銀元家3～4晚	火車＋自駕	約120公里
中天數(5～7天) / 2B	2A再加上： ● 呂貝宏區(2天)	銀元家3～4晚 呂貝宏區2晚	自駕	約200公里
長天數(7～10天) / 2C	2A＋2B再加上： ● 亞維儂(1 / 2天) ● 亞爾(1 / 2天) ● 雷伯或碧泉村(1 / 2天)	銀元家3～4晚 呂貝宏區2晚 亞維儂2晚	火車＋公車	約300公里

山海之戀

(製表／曾一純)

天數 / 行程代號	建議行程	建議住宿	建議交通方式	車程
短天數(5天) / 3A	● 尼斯(1 / 2天) ● 艾日(1 / 2天) ● 銀元家(2天) ● 亞維儂(1 / 2天) ● 亞爾(1 / 2天)	尼斯1晚 銀元家2晚 亞維儂1晚	火車＋公車 ＋自駕	約350公里
中天數(7天) / 3B	● 尼斯(1天) ● 艾日(1 / 2天) ● 濱海自由城(1 / 2天) ● 銀元家(2天) ● 亞維儂(1 / 2天) ● 亞爾(1 / 2天) ● 雷伯或碧泉村(1 / 2天)	尼斯2晚 銀元家2晚 亞維儂2～3晚	火車＋公車 ＋自駕	約450公里
長天數(10天) / 3C	3B再加上： ● 蔚藍海岸快線前半段(1～2天)	尼斯2晚 銀元家3晚 亞維儂2晚 卡西2晚	火車＋自駕	約600公里

▲ 還帶涼意的四月天

▲ 坐下來看人也被看

▲ 沁涼的泉水讓暑氣全消

盡興出遊小撇步

安排適合自己的行程

請想像你想要哪種旅行：是要用過早餐退房即匆匆趕往景點，或是悠閒在海灘發呆、看書、曬太陽？以蔚藍海岸景觀路線為例，可一口氣搭火車3小時領略而過，也可以悠哉玩上7天（當然也可走折衷路線），其實不論是選擇哪種方式，沒有好與壞，沒有對與錯，端看旅者想要怎麼玩。

找對旅伴

並非人人對建築、文化、藝術都有興趣，也不是個個都熱愛美食、購物，何況預算也得考量，所以這些因素在排行程、找旅伴的同時就必須想到，在台灣可以一起吃喝玩樂的好友、同事或情侶，不見得是最佳旅伴！

▲ 旅遊的默契由累積而來

彼此分工合作

人找齊，行程、機位、訂房、火車都搞定，再來就是分配工作。方向感好的人負責找路、找飯店，語言佳就處理飯店與餐館，有整理資料天分的就專心蒐集，精於拍照不就是攝影師，各司其職讓每個人都有參與感，千萬別讓一人全包而淚奔！若同行有4人以上，行程中可排自由活動，讓成員偶有單飛的時刻，再分享自己所見所聞。

▲ 團體旅行中有機會認識新旅伴

行家祕技　如何控制旅遊經費

記帳是個不錯的方法。一來可知道錢花在哪裡，二來可提醒自己別把卡刷爆了，至於該如何記就看各人習慣，例如利用手機記帳APP，每晚回到飯店趁記憶猶新就確實完成；不喜歡用手機的人可事先打好支出明細表，即可將每一筆開銷都記入；如果手邊有旅遊手冊，可在每日行程預留的空白處，把消費收據黏貼上去，不僅可清楚掌握錢花在哪裡，也可當成日後的回憶。

小朋友的零用錢如何配置

曾有團員帶3個小朋友出遊，整趟行程每人的零用錢總額是100€，父母事先約法三章花完就沒有了，不僅可讓孩子學習控制開銷，更能清楚真正想要的是什麼？如果買了某樣東西，之後會不會有更想要的紀念品？讓小孩自主決定如何消費，並為自己的選擇負責，個人覺得是個不錯的方式！

▲ 記帳可幫助控制旅費

通訊篇
Communication

在普羅旺斯要打電話、上網、寄信怎麼辦？

沒網路如何跟家人報平安？哪種漫遊方式適合你？分享器在哪租借？
明信片、戰利品如何寄回家？本篇能幫你了解各種通訊方式。

通訊方式

旅遊途中,別忘了適時報平安。

打電話

從普羅旺斯打電話到台灣

法國國際冠碼+台灣國碼+區域號碼+電話號碼

撥打方法	國際 冠碼+	國碼 +	區域 號碼+	電話號碼
打到 市內電話	00	886	02等 去掉0	電話號碼
打到手機	00	886	-	去掉0

● 舉例說明

台灣市話:(02)2882-0755 → 00-886-2-2882-0755

台灣手機:0999123456 → 00-886-999123456

豆知識

法國公共電話

法國公共電話可使用零錢或電話卡,後者分為50與120單位,機場、火車站、書局或菸草店(Tabac)都可買到。每台公共電話都有電話號碼,可接聽,若錢不夠,可請家人打過來。

▲ 公共電話卡的圖案很Q

◀ 隨著智慧型手機的普及,公共電話越來越少見櫃購票處

從台灣打電話到普羅旺斯

台灣國際冠碼+法國國碼+區域號碼+電話號碼

撥打方法	國際 冠碼+	國碼 +	區域 號碼+	電話號碼
打到 市內電話	002 / 009 等	33	4	電話號碼
打到手機	002 / 009 等	33	-	06等號碼 去掉0
打到台灣的 漫遊手機	-	-	-	直撥手機號碼

● 舉例說明

普羅旺斯市話:(04) 11 22 33 66 → 002-33 4 11 22 33 66

普羅旺斯手機:06 11 22 33 66 → 002-33 6 11 22 33 66

漫遊手機:0999123456 → 0999123456

手機

▇ SIM卡(不可分享)

首購需到Orange、SFR等門市,憑護照辦理,建議預留30～60分鐘。Orange費用10€起,並且可以同時加購上網,如:10€ / 500MB;若需儲值,可在機場、火車站、書局,或菸草店、郵局等購買,輸入加值序號即可。

發簡訊

剛下飛機想跟家人報平安,可善用手機簡訊,每則約台幣10元,方式與在台灣發簡訊相同。

漫遊

在法國接聽手機,每分鐘約台幣45元起跳。

上網

以台灣大哥大電信為例,法國單日吃到飽約599元/24小時,若沒使用將不計費;另有7天1G方案約1,999元,用完即斷線,需於期滿再另行綁約。

大多數飯店可提供免費WiFi,通常越靠近大廳訊號越強;許多餐館、火車站、高速公路休息站或大型超市也提供免費WiFi。

▲ 餐館免費WiFi圖案

WiFi分享器租借(可分享)

需於出國前辦理租借,並隨身攜帶,雖然費用稍高,但更具便利性,隨時可上網,亦可透過Line打電話,自駕者尤其必備,有備無患。

▲ 在手機設定輸入分享器的密碼　　▲ 打勾表示可以使用

郵寄

郵局(La Poste),營業時間為週一～五09:00～12:00及14:00～18:00,週六09:00～12:00。寄回台灣的明信片每張約1.2€,約7～10天可到;快遞包裹(Colissimo)5公斤45€、7公斤55€,約3～7天可到。

● 明信片台灣地址寫法:
在中文地址後面加上 TAIWAN, R.O.C.

▲ 越小的村落,郵局營業時間越短,有時僅半天

寄國外

▲ 郵筒分為寄國內和寄國外　▲ 快遞包裹分為5公斤和
(標示International)　　　　7公斤

主要需求	建議容量	參考費用
FB、Line、E-mail等	500MB / 每日	約300元 / 每日
自駕(Google 導航)	1 G / 每日	約500元 / 每日

＊以上資料僅供參考,時有異動,出國前請再次確認

常見遊法WiFi分享器租用業者:

如Aerobile、iVideo、Wi-Go等,於搜尋網站,輸入「法國WiFi分享器」,即可查詢。

常用法語 ABC

中文	法文
銀行	La banque
書局	La librairie
提款	Retirer
密碼	Le code
鈔票	Le billet
旅行支票	Les chèques de voyage
監視器	La caméra de surveillance
郵局	La poste
郵票	Le timbre
寄掛號	En recommandé
寄航空	Par avion
包裹	Le colis
打包	Emballer
填寫	Remplir
貼上	Coller
信封	L'enveloppe
地址	L'adresse
零錢	La monnaie
分	La centime
觀光客	Le touriste
公共電話	Le téléphone public
簡訊	Le texto
上網	Internet
隨身碟	La clé USB
記憶卡	La carte mémoire
智慧型手機	Le smartphone
電池	La pile
電源線	Le cable
筆記型電腦	L'ordinateur portable
耳機	La casque

請問我可以拍照嗎？
Puis-je prendre des photos?

你們明天會營業嗎？
Vous ouvrez demain?

我想要換錢。
Je voudrais changer de l'argent.

我想要提款。
Je voudrais retirer de l'argent.

這價錢有包含上網費用嗎？
Est-ce que l' internet est compris dans le prix?

我想要一張預付費的SIM卡。
Je voudrais une carte sim prépayée s'il vous plaît.

我想要儲值sim卡。
Je voudrais recharge ma carte sim.

我想要10張€1.2的郵票。
Je voudrais dix timbres à 1.2 euros s'il vous plaît.

這是免費的嗎？
C'est gratuit?

我想要充電。
Je voudrais charger la pile.

應變篇
Emergencies

在普羅旺斯，
發生緊急狀況怎麼辦？

旅行難免有各種突發狀況，

迷路、內急、生病、遇到扒手或遺失證件該如何是好？

出發前多一分了解，以備不時之需。

遇到緊急狀況怎麼辦

錢財乃身外之物，如遇危險，以人身安全為重！

迷路

通常剛迷路時大都在景點附近，只要先停下來看看周遭指標、大景點，再對照事先準備的隨身地圖或許就有解了，如需問人，建議找服務業的店家或是遊客中心。

■ 試著從地圖找出目前所在位置
■ 拿隨身地圖問人(餐廳、店家或旅館)
■ 善用遊客中心(i)或路上指標
■ 以Google Map定位(需上網)

⁉️ 地圖哪裡找？

1. 事先準備地圖(將旅遊書上的地圖列印放大後，把火車站、飯店和重要景點等相對位置標示出來，並且隨身攜帶)。
2. 飯店或旅遊服務中心索取。
3. 市區地圖設施(如右圖的紅色圓點即代表現在所在位置Vous êtes ici)。
4. Google Map(需上網)。

內急

一時找不到公廁，可到Bar或Café點杯最便宜的咖啡，或拿0.5€向店家詢問是否可借用，通常都沒問題。

■ 不提供洗手間：教堂、遊客中心、公車總站、多數停車場。
■ 提供洗手間：多數火車站、高速公路休息站、極少數停車場(付費公廁、自動沖洗投幣式)。

投幣式公廁使用步驟 Step by Step

Step 1 綠燈亮，表示可使用

應變篇

Step 2 開門

投幣後，門會自動開啟。

依指示金額投幣

退幣鈕

Step 3 關門

進去後，按橘色按鈕(Fermeture)即自動關上。

關門

Step 4 洗手&烘手

使用後，洗手與烘手在同一位置。

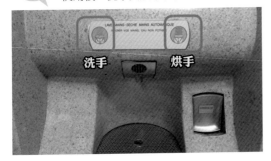

洗手　烘手

Step 5 使用完畢

使用完畢後，按綠色按鈕(Ouverture)，門即自動開啟。

開門

物品遺失

護照遺失處理步驟 Step by Step

Step 1 報案

到警察局申請「遺失證明正本」(Déclaration de perte de pièce d'identité)，就會拿到文件正本。

Step 2 必備資料

遺失證明正本、原護照影本、彩色照片兩張(地鐵站、火車站有拍照機器，記得露耳，不要戴眼鏡)，但役男(19～36歲)、役齡(16～18歲)及未滿20歲需準備其他資料，詳見駐法國台北代表處官網。

Step 3 申請補發

親自到代表處辦理，需填寫護照申請書，規費27€，若資料齊全，約2～3小時取件。

求助單位看這裡

駐法國台北代表處(位於巴黎)

Bureau de Représentation de Taipei en France

✉ 78, rue de l'Université, 75007 Paris
☎ 01 44 39 88 20 / 21
🕐 週一～五：09:30～12:30，13:30～16:00
➡ 巴黎地鐵12號線Solférino站
📠 01 44 39 88 12
http www.roc-taiwan.org/fr
@ brtf@mofa.gov.tw

外交部領事事務局
http www.boca.gov.tw

24小時急難救助電話

若發生急難重大事件，例如：災難、搶劫、被捕、疾病等，可以撥打：**06-80-07-49-94** 尋求協助。

信用卡遺失報案步驟 Step by Step

是否報案，端看個人需求，到警局報案耗時耗體力，留下聯絡方式是為了尋獲時可通知，但機率真的很小，且已掛失的信用卡也不能再使用。

Step 1 立即掛失

不論是遭竊或遺失，要立即聯絡發卡銀行並掛失，將盜刷損失降到最低；可將信用卡銀行電話寫在隨身記事簿或輸入手機中。

Step 2 申請補發

若不急用，則待回國再申請補發，若停留期間很長需在國外申請補發，請與發卡銀行海外緊急專線聯絡。

現金救急

西聯匯款(Western Union)

人在普羅旺斯急需現金救急，由親友洽台灣國內的銀行辦理，當事人憑護照、匯款人姓名、國家、MTCN(序號)、金額等資料，隔日即可在當地領取。

台灣西聯匯款

📞 (02)8723-1040
🌐 locations.westernunion.com

▲ 上西聯匯款網站，選擇國家、輸入城市，查詢當地取款銀行據點

行李遺失

在機場等不到行李時，要前往行李服務處填單子，並出示貼在登機證後面的行李條，等待電話通知。建議出發前購買旅遊不便險(內含行李遺失險)，條款各家略有不同，投保前請先詢問清楚。

生病、受傷

小病、小傷

個人醫藥與基本外傷藥物請事先準備，以應不時之需；普通感冒、止痛藥等在普羅旺斯當地藥局(Pharmacie)都可買到，藥局的營業時間為週一～六，週日輪休。

▲ 藥局

重病、重傷

身體嚴重不適，可請民宿、飯店代為聯絡醫師看診，沒當地健保的外國人，醫師出診費用約150€起，再持醫師開的藥單到藥局買藥。

▲ 救護車

緊急事故

意外事故

若遇上意外事故，可手機直撥**115**或以市話撥打**15**(接線人員會判斷要轉接哪個單位)。若需聯繫警察局撥打**17**，通報火警則撥打**18**。

自駕擦撞

因牽涉到保險，需直接與租車公司聯繫。

恐攻應變

相信直覺→速離現場（或找遮蔽物）→安全疏散

在火車站或火車上、機場、購物中心、路上等，聽到、看到，或覺得不對勁時，不要猶豫馬上離開現場，如暫時無法離開，立即找牆面等堅固處躲藏，或依照警察指示高舉雙手疏散。

出發前及旅途中，務必持續關注國際新聞，可上外交部網站查詢各國旅遊警戒，以及旅遊安全實用手冊。

扒手、搶匪

出門在外最讓人掃興的，莫過於「扒手」、「搶匪」，不僅會偷走旅費、信用卡、護照，就連你的心也不放過！哪怕只是包包被拉開一半，貴重物品沒損失、身體沒受傷，但心卻被嚇到了，這種感覺真的很不舒服。他們分工專業，可不管你是跟團還是自助，只要是東方面孔，不分男女老少都有機會中獎！所以建議使用貼身腰包，將它穿於內、外褲之間，把貴重物品(大多數的現金、信用卡、護照)放進來，就算背包被扒也能將損失降到最低。以下提供幾個城市的扒手和搶匪的常見招數。

■ 尼斯輕軌的扒手：

扒手通常3、4人一組，第一個人會友善地用英語與你開聊(分散注意力)，第二個趁機下手，得手後馬上交給第三個，再傳到第四個，這招僅需短短2～3分鐘。

■ 亞維儂藝術節的扒手：

整個市區都是舞台與人潮，當你沉浸在街頭表演時，扒手也伺機下手，千萬別抱著僥倖心態，感覺不對時最好確認一下背包。

■ 馬賽的搶匪：

舊港是飛車搶匪的最愛，駕駛下車買東西，其餘3人在車上等，就在你發呆之際，搶匪已將你放在大腿上的包包劫走。帶團時也曾在火車上遇到驚慌的日本背包客，提到自己剛在馬賽被洗劫的經驗。

▲ 警車

▲ 警察局外觀

貼心 小提醒

安全叮嚀

1. 別在地鐵、電車車箱內閉目養神，對於主動搭訕者要提高警覺。
2. 遇到問路，除非確認是同胞，否則建議不要雞婆，因為你自己也是觀光客。
3. 莫名遇到警察要看護照，不用理會，快閃！
4. 男生被扒的機率特高，尤其將皮夾放在外套內袋、長褲後袋，只需短短幾秒鐘就會消失，扒手動作俐落有如變魔術！
5. 貼身腰包買了要不要用？許多人買了但因天氣熱或不習慣就不用了，在團員中通常被扒的共同點就在這裡，坦白說，你昨天沒遇過，不代表明天不會遇到！
6. 手機千萬別放口袋及背包外側。

常用法語 ABC

常見單字

中文	法文	中文	法文
藥局	La pharmacie	拉肚子	La diarrhea
急診	L'urgence	救命	Au secours
醫院	L'hôpital	診斷證明	Certificat Médical
診所	La clinique	圓環	Le rond point
處方簽	L'ordonnance	車禍	L'accident
咳嗽	La toux	輪胎	Le pneu
頭暈	Le vertige	鑰匙	La cle
嘔吐	Vomir	剎車	Le frein
骨折	Fracturé	大燈	Le phare
證件失竊聲明書	Déclaration de vol de pièces d'identité	我的車子	Ma voiture
法國警察局	Commissariat de police	拖吊	Remorquage
證件遺失申報	Déclaration de perte de pièce d'identité	行人	Le piéton

實用會話

我覺得不舒服。	Je me sens mal.
我發燒了。	J'ai de la fièvre.
我牙痛。	J'ai mal aux dents.
我胃很痛。	J'ai très mal a l'estomac.
我有氣喘。	Je suis asthmatique.
我是糖尿病患者。	Je suis diabetique.
我懷孕了。	Je suis enceinte.
快叫救護車！	Appelez vite une ambulance!
我的護照遺失了。	J'ai perdu mon passeport.
有人偷走我的皮夾。	On m'a volé mon portefeuille.
我的車故障了。	Ma voiture est en panne.
我的小孩走失了。	Mon enfant a disparu.
請問我在哪裡？(迷路時)	Où suis-je ? / Pouvez vous me dire où je suis?
洗手間在哪裡？	Où se trouve les toilettes?
請問最近的警察局在哪裡？	Où se trouve la gendarmerie la plus proche ?

▲ 垃圾桶，綠色是瓶罐回收，黃色是一般拉圾

救命小紙條

可將下表影印，以法文、中文或英文填寫，並妥善保管隨身攜帶！

個人緊急聯絡卡
Personal Emergency Contact Information

姓名Name：.. 　　國籍Nationality：..

出生年分(西元)Year of Birth：........................ 　　性別Gender：.................. 　血型Blood Type：..........

護照號碼Passport No：..

台灣地址Home Add：..

....

緊急聯絡人Emergency Contact (1)：.................. 　　聯絡電話Tel：..

緊急聯絡人Emergency Contact (2)：.................. 　　聯絡電話Tel：..

信用卡號碼：.. 　　國內／海外掛失電話：..

信用卡號碼：.. 　　國內／海外掛失電話：..

旅行支票號碼：.. 　　國內／海外掛失電話：..

航空公司國內／海外聯絡電話：........................ 　　訂位代號：..

投宿旅館Hotel (1)：................................. 　　旅館電話Tel：..

投宿旅館Hotel (2)：................................. 　　旅館電話Tel：..

過敏藥物(Drug Allergy)：..

重要病史(Medical History)：..

其他備註：..

法國救命電話隨身帶
警察局 **17**
火警 **18**

24小時急難救助電話
06-80-07-49-94

打電話回台灣
打市話：00+台灣國碼+區域號碼(去掉0)+電話號碼
打手機：00+台灣國碼+電話號碼(去掉0)

意外事故
手機直撥 **115**
市話撥打 **15**

駐法國台北代表處(巴黎)(Bureau de Représentation de Taipei en France)

✉ 78, rue de l'Université, 75007 Paris
☎ 01 44 39 88 20 / 21
🕐 週一～五：09:30～12:30，13:30～16:00
➡ 地鐵12號線Solférino站
📠 01 44 39 88 12
🌐 www.roc-taiwan.org/fr
@ brtf@mofa.gov.tw

So Easy! 年度銷售排行榜冠軍旅遊書系

So Easy 自助旅行書系

亞洲地區

305 開始在澳門自助旅行
作者／凱恩(Kahn)

304 開始在馬來西亞自助旅行
作者／黃偉雯(瑪杜莎)

303 開始在日本自助旅行
作者／牛奶杰

100 開始在關西自助旅行
作者／King Chen

098 開始在土耳其自助旅行
作者／吳靜雯

094 開始在沖繩自助旅行
作者／酒雄

092 開始在上海自助旅行
作者／葉志輝

091 開始到日本開車自助旅行
作者／酒雄

089 開始在泰國自助旅行
作者／吳靜雯

087 開始在釜山自助旅行
作者／亞莎崎

079 開始在越南自助旅行
作者／吳靜雯

076 開始在中國大陸自助旅行
作者／徐德誠

075 開始在北京自助旅行
作者／沈正柔

060 開始在香港自助旅行
作者／古弘基

035 開始在新加坡自助旅行
作者／王之義

023 開始在韓國自助旅行
作者／陳芷萍‧鄭明在

歐美地區

302 開始在瑞典自助旅行
作者／潘錫鳳‧陳羿廷

301 開始在西班牙自助旅行
作者／區國銓‧李容菜

099 開始在紐約自助旅行
作者／艾瑞克

097 開始搭海外遊輪自助旅行
作者／胖胖長工

096 開始在愛爾蘭自助旅行
作者／陳琬蓉

090 開始在加拿大自助旅行
作者／沈正柔

086 開始在北歐自助旅行
作者／武蕾‧攝影‧盧奕男

085 開始在挪威自助旅行
作者／林庭如

082 開始在歐洲自助旅行
作者／蘇瑞銘‧鄭明佳

072 開始在瑞士自助旅行
作者／蘇瑞銘

034 開始在荷蘭自助旅行
作者／陳奕伸

027 開始在義大利自助旅行
作者／吳靜雯

026 開始在美國自助旅行
作者／陳婉娜

024 開始在英國自助旅行
作者／李芸德

紐澳地區

073 開始在澳洲自助旅行
作者／張念萱

032 開始在紐西蘭自助旅行
作者／藍麗娟

So Easy 專家速成書系

亞洲地區

080 遊韓國行程規劃指南
作者／Helena(海蓮娜)

歐美地區

097 開始搭海外郵輪自助旅行
作者／胖胖長工

078 指指點點玩美國
作者／謝伯讓‧高薏涵

077 指指點點玩義大利
作者／吳靜雯

074 英國茶館小旅行
作者／英倫老舖

071 窮，才要去紐約學藝術
作者／洪緹婕

069 記住巴黎的甜滋味
作者／林佳瑩

065 荷蘭最美
作者／楊若蘭

052 開始到義大利買名牌
作者／吳靜雯

047 開始到義大利看藝術
作者／吳靜雯

046 開始到維也納看莫札特
作者／王瑤琴

031 開始遊法國喝葡萄酒
作者／陳麗伶

這次購買的書名是：

開始在普羅旺斯自助旅行 (So Easy 306)

＊01 姓名：＿＿＿＿＿＿＿＿＿＿＿＿＿＿＿＿＿　性別：□男 □女　生日：民國＿＿＿＿＿年

＊02 手機(或市話)：＿＿＿＿＿＿＿＿＿＿＿＿＿＿＿＿＿＿＿＿＿

＊03 E-Mail：＿＿＿＿＿＿＿＿＿＿＿＿＿＿＿＿＿＿＿＿＿＿＿

＊04 地址：□□□□□ ＿＿＿＿＿＿＿＿＿＿＿＿＿＿＿＿＿＿＿

＊05 你選購這本書的原因

1.＿＿＿＿＿＿＿　2.＿＿＿＿＿＿＿　3.＿＿＿＿＿＿＿

06 你是否已經帶著本書去旅行了？請分享你的使用心得。

＿＿＿＿＿＿＿＿＿＿＿＿＿＿＿＿＿＿＿＿＿＿＿＿＿＿＿＿＿＿＿＿
＿＿＿＿＿＿＿＿＿＿＿＿＿＿＿＿＿＿＿＿＿＿＿＿＿＿＿＿＿＿＿＿
＿＿＿＿＿＿＿＿＿＿＿＿＿＿＿＿＿＿＿＿＿＿＿＿＿＿＿＿＿＿＿＿
＿＿＿＿＿＿＿＿＿＿＿＿＿＿＿＿＿＿＿＿＿＿＿＿＿＿＿＿＿＿＿＿
＿＿＿＿＿＿＿＿＿＿＿＿＿＿＿＿＿＿＿＿＿＿＿＿＿＿＿＿＿＿＿＿

很高興你選擇了太雅出版品，將資料填妥寄回或傳真，就能收到：1.最新的太雅出版情報 /2.太雅講座消息 /3.晨星網路書店旅遊類電子報。

填問卷，抽好書 (限台灣本島)

凡填妥問卷(星號＊者必填)寄回、或完成「線上讀者情報上傳表單」的讀者，將能收到最新出版的電子報訊息，並有機會獲得太雅的精選套書！每單數月抽出10名幸運讀者，得獎名單將於該月10號公布於太雅部落格與太雅愛看書粉絲團。

參加活動需寄回函正本(恕傳真無效)。活動時間為即日起～2018 / 12 / 31

以下3組贈書隨機挑選1組

放眼設計系列2本 (隨機)

手工藝教學系列2本 (隨機)

黑色喜劇小說2本

太雅出版部落格
taiya.morningstar.com.tw

太雅愛看書粉絲團
www.facebook.com/taiyafans

旅遊書王(太雅旅遊全書目)
goo.gl/m4B3Sy

線上讀者情報上傳表單
goo.gl/kLMn6g

填表日期：＿＿＿＿年＿＿＿＿月＿＿＿＿日

(請沿此虛線壓摺)

| 廣 告 回 信 |
| 台灣北區郵政管理局登記證 |
| 北 台 字 第 1 2 8 9 6 號 |
| 免 貼 郵 票 |

太雅出版社 編輯部收

台北郵政53-1291號信箱
電話：(02)2882-0755
傳真：**(02)2882-1500**
(若用傳真回覆，請先放大影印再傳真，謝謝！)

(請沿此虛線壓摺)

太雅部落格 http://taiya.morningstar.com.tw

有 行 動 力 的 旅 行 ， 從 太 雅 出 版 社 開 始

(請沿此虛線裁剪)